テキストブック

自主創造の基礎

日本大学 法学部 編

keiso shobo

はしがき

　実に多くの「大学での学び」を意識したテキストが刊行されている。本書の執筆者も多かれ少なかれ、論文の書き方や研究方法について書かれたものから学んできた。それだからこそ大学の教員は、論文の添削を行ったり、プレゼンテーションやディスカッションについてコメントしたりできるのだし、高等学校までの授業と大学の授業とでは教員の果たす役割が大きく違うのだといえる。

　大学の学びや研究については、さまざまなテキストがすでに刊行されている。それにもかかわらず、日本大学法学部が独自に「自主創造の基礎」という名称の書物をつくるには、二つの理由がある。

　一つ目は、日本大学が教育や研究の理念として掲げている言葉が「自主創造」であるという点に関連する。日本大学法学部での学びの根底にも「自主創造」という理念が存在している。学部１年生の新学期には、全学共通教育科目「自主創造の基礎」が開講され、そこでの教科書として本書が使用されることにより、まず大学４年間の基礎に触れることができるようにしたいという理由がある。

　もう一つは、日本大学法学部では原則ゼミナール必修化となっている点に関連する。３年生から始まるゼミナールでは、日常的に学術的な議論を行ったり、研究成果をまとめたりする機会が多くなる。大学１年生のときだけ使う教科書というのではなく、それ以降のより専門的な学修のためにも（もちろん、卒業の際の論文執筆にも）、本書がマニュアルとして役立つようにしたいという意図がある。

　本書は、大学四年間の間ずっと手元に置いて、何かを考えたり調べたり、議論したりプレゼンしたり、何かを書いたりするときに役立つようにまとめられ

ている。日常生活でスマートフォンを常に操作するのと同様に、大学での学び
については、常に本書に触れれば済むといえるだろう。

　本書の刊行に際して、日本大学法学部の教職員各位と、勁草書房の編集部か
ら多大な協力を得たことに感謝したい。

2022 年 11 月 23 日

執筆者より

目　次

序　章
大学と学問と大学生

1　大学と高校までの学校との違い

　大学と高校までの教育機関の違いを理解するには、卒業式に注目すると、わかりやすい。大学に入学したばかりの一年生にとって、大学の卒業式はイメージしにくいだろうが、高校の卒業式をイメージすることはできるだろう。小学校も中学校も、そして高等学校も、卒業式では「卒業証書」が授与される。卒業証書は、その学校を卒業したことを証明したものである。高校までは、学校を卒業したという事実が重要になる。

　それに対して、大学の卒業式は、「学位記伝達式」とも呼ばれ、卒業証書ではなく、「学位記」が手渡される。大学において、卒業式は学位記の伝達を行う式典であり、高校までの卒業証書とは全く異なる性格のものを伝達する。一見したら、卒業証書と書かれた紙をもらうことと何が違うのかと疑問に思うかもしれないが、学位記と書かれた紙は、大学が高校までとは異なる教育機関であることを物語っている。

　大学を卒業すると、「学士」という学位を取得する。たとえば、法学部を卒業すると、法学の学士号を取得する。学位記には「学士（法学）」と記載されている。文学部の場合は「学士（文学）」であり、工学部の場合は「学士（工学）」である。つまり、大学を卒業することは、単に学校を卒業するというのではなく、大学で一つの分野の学問を修めたという意味があり、学士号の取得につながる。大学院の場合には、修士号や博士号という学位になり、「修士（法学）」や「博士（法学）」などの学位取得につながる。

　この点からいえることは、まず、大学は「学問（science）」に向き合うところであり、学問を修めるところだという点である。大学では、「学修」という言葉がしばしば使われる。高校までは、ほとんどの場合に「学習」という漢字を使うが、大学の「がくしゅう」は「学修」という漢字を使う。わずか一文字しか違わないとしても、この違いはまさに、大学が学問を修めるところであることを意味している。

　「今の時代は、大学ぐらい出ていないと…」と思って大学に進学しただけで、学問を修めるとか、学士号を取得するとか、そんな小難しいことなど思いもしなかったという人がいるかもしれない。しかし、大学に入り、大学を卒業するのであれば、好むと好まざるとにかかわらず、必ず学問に触れるのだし、学問とともに、大学生活を送らざるを得ない。それだからこそ、大学の学部の名称は、「法学部」とか「文学部」とか「工学部」などのように、それぞれの学部で学修する専門分野が明記されており、学部内にいくつかの学科がある場合には、専門分野がさらに細分化され、学科の名称として示されているのである。

2　学問について

　大学は学問を修めるところだといわれても実感がわかないかもしれない。そもそも学問といわれても、具体的なイメージがつきにくいかもしれない。高校までの学習と大学の学修との違いもピンとこないかもしれない。さらにいえば、わざわざ「学問」という言葉をことさら強調することにより、かえってドン引きしてしまうかもしれない。でも、学問は案外と身近なものである。

　ある朝、外出しようとして玄関を開けたら、空がどんよりと曇っており、今にも雨が降りそうだったら、とりあえずは天気予報を確認するだろうし、傘をもって出かけようとするだろう。その日の天気がどうなるかは、持ち物にしても、当日の行動の予定にしても、多かれ少なかれ影響を及ぼす。毎日の生活でもそうだし、季節ごとでも年間を通してでも無視できないことである。天候の問題は現在に限らず、大昔から人びとの生活に影響を及ぼしてきた。実は、それが学問ともつながってくる。

　たとえば、天文学の歴史はかなり古く、紀元前にまでさかのぼる。高校まで

の社会科で学習したように、古代のチグリス・ユーフラテス川やインダス川、ナイル川などの大河の流域では、毎年の河川の氾濫により新しく肥えた土壌が堆積し、定住的な地域社会が栄え、文明がもたらされた。この点は、高校までに得た知識であろう。このような文明がどのようなものかというのは歴史学のテーマになるし、いつの時代にどこの場所でどのようなことが起こったのかという問題を解明することになる。

　ただ、それだけでなく、ちょっと角度を変えてみると、天文学の始まりがここにはみられることや、現在の人びとが毎日の天候に影響を受けているのと同様に、古代の人びとも天候の問題に取り組んでいたことが学問の発達につながっていることに気づく。当時は、洪水によって土地の区画が失われてしまうため、測量の技術が進んだとされる。また、天体を観測することにより、天文記録が蓄積され、暦がつくられた。一年を通して洪水が発生する時期がいつなのかを把握したり、天候がどうなるのかを観測したりすることは、人びとにとっては、生きていくために欠かせない創意工夫であった。

　結果的に、それが蓄積されることにより、現在につながる天文学の基礎が構築されたのである[1]。天文学というと、あまり馴染みのない学問だという印象を受けるかもしれないが、古代の人びとも現代の人びとも同じように毎日の天気によって生活に影響が出ることに変わりはないし、天候にかかわる人類の英知が基盤にあるのだと思えば、学問が縁のない遥か彼方の遠いところに存在するものではなく、毎日の生活に密接にかかわっているものだと理解できるだろう。

　学問といえば、何か特別なことのような印象を抱くかもしれないが、人びとがこれまでに蓄積してきたものや築き上げてきたものであり、現在から将来へとつなげていくべき人類の英知に他ならない。大学では、一人ひとりの学生が、それぞれの選んだ学部や学科で扱っている学問の現在地に触れることになる。そのことが結果的には、学問の将来につながっていく。そう考えると、一人ひ

---

1)　歴史をふりかえると、天文学は折々の政治権力によって利用されることもあったといえ、現代の暦（カレンダー）にもつながっている。21世紀の現在において、世界中で同じカレンダーが使用されていることは何ら驚くことではないが、古代から脈々と続く学問の積み重ねとかかわっていることだと思えば、驚異的なことだろう。

とりの大学生が、自ら学び、自ら考え、自ら道をひらこうとする姿勢こそが学問に向き合うことであり、学問の発展にも結びつくことでもあり、今すぐ誰もが気軽にできることだといえる。

3　大学と大学生と大学教員

　大学の四年間はあっという間に時間が過ぎて行く。一人ひとりの学生は、一生のうちでわずかな期間だけ（ほとんどの場合は四年間）大学生活を送り、社会に出ていく。大学生は、限られた数年間に大学という場所で正面から学問に向き合ったとしても、社会人としてそれぞれの仕事に就くと、学問と人びととが深くかかわっているという意識は徐々に薄れてしまうかもしれない。人によっては、学問との出会いやかかわりが大学時代の一時的なことに過ぎないと感じたとしても、実際のところ、学問は社会のあらゆるところとつながっているし、社会は学問と常に結びつきをもっているのだから、「学問は、個人によって語られるかぎりにおいてのみ、時間と関わるのである」（シェリング，2022: 41）。

　ドイツのシェリング（F. W. J. Schelling）による次のような指摘は、この点に関連している。「学問の本質が時間に依存しないということは、学問がそれ自身永遠である人類のものであるということのうちに現れている。したがって、生命や存在がそうであるように、学問もまた必然的に、個人から個人へ、世代から世代へと伝えられていく。伝承とは、その永遠の生命の表現である」（シェリング，2022: 41-42）。

　大学生が学問に向き合うことは、これまでに積み重ねられてきた人類の英知に触れることであり、学問の伝承を行っていくのが大学であり、大学教員の役割である。さらに、シェリングの言葉を借りると、大学、大学生、大学教員との関係がみえてくる。

　「大学生活に入ることは、学ぶ若者にとって、[一人前になることへの第一歩であり、]盲信からの最初の解放でもある。若者は、大学ではじめて自分で判断することを学び、訓練することを求められる。その職に値する教師であれば、自分の精神的卓越性、学問的教養、そして教養をさらに広くしようとする情熱によって獲られる尊敬だけを求め、それ以外の尊敬を求めないであろう。無知

な者、能力のない者のみが、この尊敬を他のもので支えようとする。私がこのことに関して一層率直に語ろうと決心したのは、次のことを考えてのことである。すなわち、学生自身が大学あるいはその教師に対してどういう要求をするかということに、その要求の実現が、一定部分依存しているからである。そしてひとたび学生諸君のあいだに目覚めた学問的精神は、大学全体へと有効に影響を与え返す。なぜなら、その学問的精神が、無能な人たちを、彼らに対して提示される高度の要求によって委縮させ、逆にその要求を実現できる人をこの活動圏内にとらえておこうとするからである」（シェリング，2022: 48-49）。

　大学の教員は、それぞれ専門分野の研究を行っており、専門的な研究蓄積を背景としてもっているからこそ、大学での講義や演習などの指導を行うことができる。大学教員には、高校までのように教員採用試験があるわけではないし、教員免許があるわけでもない。海外の大学では、博士号（海外では、Ph. D. と呼ばれる）が大学教員の免許証のようなものだとしばしばいわれてきたが、最近は日本でも多くの教員がそれぞれの専門分野の博士号を取得するようになっている[2]。大学教員にとっては、授業を担当することだけが仕事だというのではなく、もう一つ絶対的に欠くことのできない仕事がある。それは日常的に、専門家として研究を行うことである。大学教員は、講義や演習を行うという教育者の側面と、専門分野の研究を行うという研究者の側面との二つの顔をもっている。

　いずれにせよ、あらゆる大学教員は、それぞれの専門分野の研究をもとに大学の講義を担当している。教員の役割は、学問の「伝承」を行うことであり、そのためには「疑いもなく過去や現在の他の人びとの着想を、正しく、明晰に、そしてあらゆる関連においてとらえる能力を持つことが必要である」（シェリング，2022: 56）。それだからこそ、シェリングがいうように、学生の学問的精神と、それに応えようとする教員の学問的精神との相互作用が大学においては

---

2)　これは専門分野によって異なっている点に注意が必要である。日本において、自然科学の分野では博士号をもっていることが当たり前のようになっているのに比べ、社会科学や人文科学の分野はそれよりも少ないようである。専門分野ごとに異なるとはいえ、たとえば、政治学の分野では、ほとんどの人が比較的に若い時期に博士号を取得し、大学教員になっている。その意味で、政治学者にとっては博士号の取得が大学教員としての免許証だといえるかもしれない。

重要になるわけだし、結果的にそれが学生と教員だけでなく、大学にも良い影響を与えることになっていくと考えられる。

　大学は学習塾ではないし、予備校でもない[3]。大学には学問があることを忘れてはならない。大学のもっとも基礎の部分には学問があり、世代を超えて永遠に学問を伝承していくことが大学の役割である。一人ひとりの学生は、自分が大学に在籍している期間を通じて学問に触れ、一人前になって社会へと出ていく。もちろん、大学生活においては、学生時代にしかできないような、さまざまな経験を積んだり、いろいろな出会いや別れを経験したりすることも必要である。大学卒業後の進路について考えたり、準備したり、試行錯誤を繰り返したりする時期でもある。大学での学修だけでなく、それをとりまく数多くの経験や思考が社会に出て行く際に影響を及ぼすのだし、一人ひとりの人間形成にもつながっていくのだろう。

4　本書の構成

　本書は、大学生がはじめて学問の現在地に立ったときに、どのように学問と向き合っていくことができるのかについて、具体的なノウハウをまとめたものである。まず、大学入学後の早い時期に本書を手にすることにより、大学の学修がそれまでの学習とは異なることを理解しやすいように企図されている。同時に、大学の高学年になり、ゼミナールなどの演習において、より専門的な研究を進めていく際のマニュアルとしても役立つように企図されている。卒業論文やゼミナール論文などの執筆に際しては、本書を手掛かりとして、研究テーマ探しから研究論文の執筆までのプロセスを進めていくことができるだろう。

　それでは簡単に本書の構成を紹介しよう。

　まず、本書のイントロダクションにあたる本章では、大学は学問を修めると

---

3)　もちろん、大学の講義がさまざまな資格試験にかかわっているのは確かであり、大学の学修が直接間接に資格試験の勉強につながっていることを忘れてはならない。その意味では、資格試験のための勉強の予備校のような性格を併せもつといえるかもしれない。しかし、大学において学問に触れることが、大学卒業後の進路につながっていくのであり、資格試験に合格するための勉強が大学における「学修」の目的となっているわけではない。

ころであり、大学教員は学問の専門家であること、専門家が研究と教育を行っているのが大学であることなど、本書の前提としていることを説明することにより、本書の性格を示す。

　第1章では、大学の姿をより具体的にイメージするためにも、日本大学の歴史について概説的な説明を行う。

　第2章では、主権者教育をメインテーマとしている。2016年より18歳選挙権が実現し、2022年より成人年齢が18歳となったことをふまえ、大学1年生が選挙権も付与されており、成人であるもことを鑑みて、主権者としての認識、民主主義社会の構成員としての認識などの必要性を解説する。

　第3章は、情報の収集と整理について取り扱う。とりわけ、ここでは、大学において学生に求められるレベルの「情報収集と情報整理」について解説する。

　第4章では、資料の読み方について解説する。大学において学問と向き合う際には、先行研究も含め、研究に必要な資料を読むことが何よりもまず重要なこととなる。ここでは、先行研究をどのように集めるか、どのように読むか、どのように取り扱うかなどを中心に解説する。

　第5章から第8章までは、研究方法の基礎にかかわる内容を取り扱っている。第5章ではまず、研究方法の基礎について解説することとし、とりわけ、「仮説」と「実証」について解説する。第6章は、研究方法の一つである「量的研究」に注目し、量的研究におけるデータ分析の方法などについて解説する。第7章では、「質的研究」に注目し、質的研究における分析の方法などについて解説する。

　第8章から第10章までは、論文の書き方について具体的な事例を挙げながら解説を行う。ここでは、参考文献や参考資料などの引用の仕方や、注の付け方などを含め、論文の書き方について具体的にイメージができるように解説する。実際問題として、専門分野ごとに論文のスタイルは異なっており、論文の書き方は多様であるため、第8章では、社会科学における近年の基本形ともいえる仮説実証型の論文について、第9章では、法学系の論文について、第10章では、ゼミナールでの学修と、その成果物でもあるゼミナール論文について扱っている。

　第11章では、議論の方法を扱っている。ここでは、あるテーマについて議

論を行う場合や、研究をまとめていく過程での議論などを含め、大学のさまざまな場面で経験するような、ディスカッションやディベートなどについて解説する。

　第 12 章は、プレゼンテーションについて取り扱う。ここでは、研究成果の発表に際して、どのような準備が必要なのか、どのようなことに注意してプレゼンテーションを行うのかなどについて解説する。

　第 13 章では、日本大学法学部における多様な研究の現在を紹介している。この章では、日本大学法学部に所属する教員の有志が「私と研究」ないし「私の研究」という統一のテーマで、800 文字を規程文字数として執筆したエッセイを集めている。

参考文献

ウェーバー，マックス著，野口雅弘訳（2018）『仕事としての学問　仕事としての政治』．講談社．

小熊英二（2022）『基礎からわかる論文の書き方』．講談社．

シェリング著，西川富雄，藤田正勝監訳（2022）『学問論』．岩波書店．

スノー，Ｃ・Ｐ著，松井巻之助訳（2021）『二つの文化と科学革命〔新装版〕』．みすず書房．

日本大学法学部編（2022）『2022 年度版　自主創造の基礎』．北樹出版．

端山好和（2022）『自然科学の歴史』．講談社．

第1章
日本大学の歴史

はじめに

　日本大学の前身である日本法律学校は 1889（明治 22）年 10 月 4 日に認可創立された。日本大学では設立申請書等のいわゆる公文書に名をつらねた法律学者・法律家など 11 名を創立者と称し、ここに名は入っていないが山田なくしては設立できなかったという意味で山田顕義を「学祖」と位置づけて顕彰している。

1　学祖山田顕義

　山田顕義は、1844（弘化元）年に萩藩士山田顕行の長男として松本村に生まれ、大伯父には長州藩の藩政改革の推進者であった村田清風がいる。通称市之允といい、明治維新後に実名を顕義とした。家格が中の上の武家に生まれた山田は、藩校の明倫館にはいり、また吉田松陰の松下村塾にも入塾した。松下村塾での学びは短期間であったが、多感な年ごろの時期に、吉田松陰の教えを受けたこと、のちに討幕運動をになう志士たちに出会い、みずからもその一人となったことは、山田の人生にとって大きなことであった。

　松陰から薫陶を受けた山田は尊王攘夷運動に参加し、禁門の変で敗走するも、第二次長州征伐では御楯隊を率い芸州口で戦った。戊辰戦争では長州藩諸隊の指揮官として、鳥羽・伏見の戦いで幕府軍を撃退した。大村益次郎から兵学を学び、軍人として活躍した山田の活躍はその後もつづき、新政府軍の参謀とし

て北陸に転戦し、苦戦中の山県有朋軍をたすけて長岡城を陥落させた。榎本武揚の旧幕府軍が蝦夷に上陸して五稜郭を占領すると、山田は先鋒部隊を率いて江差に上陸、以後多方面から五稜郭に迫り、新政府軍の攻略を助けた。

　1871（明治4）年、陸軍少将となり、同年11月には岩倉使節団に兵部省理事官として随行してヨーロッパで当時の西洋文明を吸収し、近代国家における法律の重要を認識した。帰国後、太政官に『理事功程』（通称、『山田建白書』）を提出した。軍隊を「兵ハ凶器ナリ」と国家人民に損害をもたらすものとしてとらえた軍隊観をうかがうことができるこの建白書では、教育の重要性と、武力に対する法律の優位性（「兵者其国体ト法律ニ依リ其権衡ヲ適宜ニシ設置スヘキ者ナリ」）を説いている。山田顕義は以後、軍政から離れ、佐賀の乱で処刑された江藤新平のあとを継ぎ、1875（明治8）年よりボアソナードの助力を得て本格的な法典編纂に尽力することとなった。

　1874（明治7）年に司法大輔になった山田は、翌年には刑法編纂委員長として1880（明治13）年公布の旧刑法・治罪法（後の刑事訴訟法）の編纂に尽力した。1883（明治16）年に司法卿、1885（明治18）年には内閣制度発足にともない、山田顕義は初代司法大臣に就任し、さらに1887（明治20）年に法律取調委員長になり、民法・商法・民事訴訟法・裁判所構成法の編纂事業に力をそそいだ。

　憲法を除く六法の編纂に尽力した山田は、民法編纂では、1888（明治21）年中に政府に提出することをめざした。これは条約改正という政治課題を控えて、国会開設（1890（明治23）年11月）前に法典編纂を完成させたいと考えていたためであり、山田は逐条審議をやめて対応した。しかし民法典の内容が伝わると、1889（明治22）年5月に帝国大学法科大学の卒業生によって組織された法学士会が立法には慎重にすべきという意見書を発表した。これを端緒にして法典論争がおこり、結局民法と商法の施行が延期された。

　一方、この1889（明治22）年に山田は皇典講究所所長に就任した。山田は国法の研究・教育をおこなう教育機関の必要性を考えており、宮崎道三郎、金子堅太郎らの趣旨と一致すると、賛同協力し、その設立を後押しした。こうして同所内の一室を借用して創立したのが日本法律学校である。その後、大津事件（1891（明治24）年5月）がおこり、その責任をとって山田は司法大臣を辞任し、

翌年、但馬生野銀山を視察中に急逝。49歳であった。

2　日本における大学の誕生

　江戸幕府が倒され、1868（明治元）年に明治政府が誕生した。新政府は廃藩置県などにより、諸制度を改変し、近代化の基礎となる諸改革を進めた。1872（明治5）年に学制を公布し、小学校から大学校までの学校制度をさだめ、同年には文部省を設置した。その後、東京大学をはじめとする各種の高等教育機関を創設し、専門科目の教育が外国人教師によりおこなわれた。

　東京大学は、江戸幕府の昌平坂学問所（昌平黌）と開成所と医学校を起源に、その後いくつかの変遷を経て、1877（明治10）年に成立した。しかし、1870年代から80年代半ばにかけて、我が国の中心的な高等教育機関は、この東京大学ではなく、工部省の工部大学校、司法省の司法省法学校、農商務省の札幌農学校・駒場農学校など、各官庁が所管していた人材養成機関、官立専門学校であった。東京大学は特権的な教育機関ではなく、官立専門学校とくらべ、就職にも不利で人気がなかったという。特権をもった大学へと変容するのは、帝国大学令により東京大学が帝国大学と改称してからである。

　1886（明治19）年に帝国大学令が公布され、東京に帝国大学が設置された。「帝国大学令」第1条では、「帝国大学ハ、国家ノ須要ニ応スル学術技芸ヲ教授シ、及其蘊奥ヲ攻究スルヲ以テ目的トス」と、国家のための大学であることが明記され、特権をもった大学となっていく。この帝国大学令は日本の大学の歴史の決定的な転換点である。

　1897（明治30）年に京都帝国大学が創設されると、東京の帝国大学は東京帝国大学と改称された。その後、明治から大正にかけては、東北・九州の帝国大学が、大正から昭和初期（1930年代）には北海道・大阪・名古屋の各帝国大学が設置され七帝大となり、このほかに朝鮮には京城帝国大学が、台湾には台北帝国大学が設置されている。

　帝国大学は「大学令」の公布までは、制度的には日本で唯一の「大学」であったが、帝大設立に前後する1880年代に多数の専門学校が誕生した。それをあげると表1-1のようになる

表 1-1　帝国大学の設立前後に誕生した専門学校（一部）

東京高等師範学校（東京教育大学をへて現在の筑波大学）（1886 年）
女子高等師範学校（現在のお茶の水女子大学）（1890 年）
東京音楽学校（現在の東京藝術大学音楽学部）（1887 年）
東京美術学校（現在の東京藝術大学美術学部）（1889 年）
高等商業学校（現在の一橋大学）（1887 年）
東京職工学校の東京工業学校（現在の東京工業大学）への転換（1890 年）
成医会講習所（現在の東京慈恵会医科大学）（1881 年）
東京歯科医学院（現在の東京歯科大学）（1890 年）
東京薬舗学校（現在の東京薬科大）（1880 年）
専修学校（現在の専修大学）（1880 年）
明治法律学校（現在の明治大学）（1881 年）
英吉利法律学校（現在の中央大学）（1885 年）
和仏法律学校（現在の法政大学）（1889 年）
日本法律学校（現在の日本大学）（1889 年）
1897 年に第二の帝国大学として京都帝国大学が誕生

出所　吉見（2011: 140-142）をもとに作成し一部をおぎなった。

3　日本法律学校の創立

3-1　私立法律学校の創設

　本格的な法律学校が出現する 1880（明治 13）年は近代法である刑法と治罪法が制定・公布された年である。並行して「代言人規則」が改正され、資格試験が厳格化されていく。この時期に体系的な教育をおこなう私立の法律学校が創設された。その設立主体は、留学帰国者たちや司法省法学校と東京大学法学部の卒業生であった。最初の本格的な法学系私立学校は、専修学校（現専修大学）からはじまる。以後、1880 年代には表 1-2 みられるように法律学校が設立された。

3-2　日本法律学校

(1)　山田顕義の皇典講究所所長就任

　1889（明治 22）年 1 月に山田顕義が皇典講究所所長に就任した。皇典講究所

表1-2 1880年代創立の主な法律学校と日本法律学校

創立年	学校名	学 派	現在の大学名
1880（明治13）年	東京法学社	フランス法系	法政大学
1880（明治13）年	専修学校	イギリス法系	専修大学
1881（明治14）年	明治法律学校	フランス法系	明治大学
1882（明治15）年	東京専門学校	イギリス法系	早稲田大学
1885（明治18）年	英吉利法律学校	イギリス法系	中央大学

東京法学社は法政大学の源流の一つで、のちに東京仏学校と合併し和仏法律学校（1889（明治22）年）となった。

1889（明治22）年10月4日	日本法律学校	設立認可（東京府）
1890（明治23）年9月21日	日本法律学校	開校式

は神官・神職の養成や国典の講究をおこなうところであったが、その前年に開かれた就任晩餐会の挨拶（1888（明治21）年12月）では、次のように皇典講究所の改革の趣旨が述べられている（日本大学百年史編纂委員会，1997: 100）。

　国の内外、世の古今、人種の異同を問わず、いづれの国のことでも、いづれの人のことでも、余さず漏らさず、力の及ぶだけ講究しなければなりませぬ。これには我国の必要なるところの国体を本として、之によって政治折衷して参らねばなりませぬ。

(2) 日本法律を学ぶ学校——日本法律学校の設立

　先行する私立法律学校は外国の法を基礎にしていたが、司法大臣をつとめた司法界の大立者であった山田顕義は、日本の法律、日本法律を教育するための私立学校設立の必要性を痛感していた。また1880年代にドイツ留学して「歴史法学」を学んだ宮崎道三郎らが帰国後、日本法律学校の創立を計画したのがこの時であった。この計画を知った山田は宮崎らに全面的に協力して日本法律学校創立に尽力する。

　1889（明治22）年10月4日に日本法律学校の設立認可が東京府からおりると、

皇典講究所（所長は山田）内に設立された。宮崎道三郎は講演で「日本人民が第一に知らなければならぬ法律は、日本の法律であります、この日本法律を専修する所として、日本法律学校は立てたので御座います」と日本法律学校の設立主旨を述べている（日本大学百年史編纂委員会，1997: 184）。

　日本法律学校は特別認可学校（卒業生に高等文官試験の受験資格の付与・徴兵上の優遇）の申請をおこなったものの、必要条件である 3 カ年の法学教育の実績がないために五大法律学校（明治法律学校・東京法学院・和仏法律学校・東京専門学校・専修学校）から批判がおこり、結局、特別認可学校の認定は認められなかった。

(3)　日本法律学校の創立者

　東京府に申請した日本法律学校の創立者日本法律学校の創立者 11 名は、表1-3 のとおりで山田の名前はみられない。

(4)　山田顕義が学祖顕彰される所以について――学校の設立・運営に不可欠なもの

　山田顕義と日本法律学校の設立について考えてみたい。宮崎らが中心となり、目指す学校の開設に向けて、東京府に認可申請した。公文書には宮崎らの名はあるが、山田の名はなかった。宮崎は 1880 年代にドイツ留学し「歴史法学」を学び、帰国後には帝国大学教授となった学者であった。

　学校には必ず教師と生徒がいる。しかし、教師がいて生徒がいればそれだけで学校が成り立つわけではない。学校設立には、校地の確保・校舎の建設、多くの教師とそれをサポートする事務局（教師だけではなく学生の支援もおこなう）の人材が不可欠である。これらを確保・整備するには、膨大な資金が必要であり、その準備・調達なくして、学校の設立は不可能である。

　学校の設立計画をもった宮崎らは、俊英の学者や司法省などの新進の官僚たちで、社会的地位も高く教師としてはまさに適任者である。しかしながら日本法律学校が、山田が所長を務める皇典講究所内におかれたことからも、学者の宮崎らに「なかったもの」を全面的に支援したのが山田顕義であり、実際、山田が日本法律学校に多大な資金援助をしていたことは、山田の死によって廃校

表1-3　日本法律学校創設者と官職（明治22年12月現在）

氏　名	官　職
宮崎道三郎	帝国大学法科大学教授
金子堅太郎	枢密院書記官兼議長秘書官
穂積八束	帝国大学法科大学教授
樋山資之	司法省参事官
末岡精一	帝国大学法科大学教授
本多康直	司法省参事官
平島及平	司法省参事官試補
添田寿一	大蔵省主税局主税官
斯波淳六郎	内閣法制局参事官
上條慎蔵	元老院第三課
野田藤吉郎	司法省東京始審裁判所検事試補

出所　日本大学広報部大学史編纂課（2011a: 21）
上條は明治23年12月現在の役職。
添田寿一をのぞく10名が法学者・法律家で、その
うち4人は山田が大臣をしていた司法省に勤務して
いた。

が決議されたことからも明らかである。山田が安定した運用資金を日本法律学校に提供したといえる。

　なお、日本大学と國學院大學は姉妹校であるといわれる。それはともに皇典講究所に起源をさかのぼるからである。1889（明治22）年に所長に就任した山田顕義は、国法・国文・国史を学ぶ教育機関の設立を構想した。国法は同年に日本法律学校、国文・国史は翌年に國學院として具現化された。國學院は皇典講究所に設置された機関で昼間授業であり、別組織として創立した夜間授業の日本法律学校は、同じ教室を借りて講義をおこなっていた。

3-3　山田顕義の死と廃校決議

（1）山田顕義の死

　大津事件の責任をとり辞任した（1891（明治24）年6月）山田は、翌1892（明

治25）年に故郷へ、その後、再従兄の河上弥市（第2代奇兵隊総督）の戦死した兵庫県の生野へ向かい、生野銀山を視察中に急死した（11月11日）。没年49歳。病死と発表された。本学100周年のときに、墓地改葬とともに山田の遺体に関する学術調査により、頭骨に外傷があることが判明した。ただそれが死因かどうかは確定できない。病死直後に倒れて坑道に転落した可能性なども考えられる。

　山田顕義急逝後、第1回の日本法律学校の卒業式は7月16日におこなわれた。校長の金子堅太郎（のち貴族院議員）は卒業式前日に辞任していたため、来賓総代として司法次官清浦奎吾が祝辞をのべた。卒業生は46名（正科生43名・副科生3名）であった。山田の死の衝撃は大きく、校長の辞任につづき、日本法律学校では経営困難を理由に「廃校決議」がおこなわれた。山田の死はなによりも財政面への打撃がきわめて大きいものであった。「廃校決議」以前では日本法律学校の1回の講義料は6円、ほかの法律学校は1円程度と、講師に高額の謝礼を支払っていた。このことからも学校運営の資金が潤沢であったことがわかる。なお当時、学生の下宿屋で1ヵ月の代金が3円50銭（含食事）である。

　卒業生たちは大いに困惑したが、長森藤吉郎幹事（東京地裁検事）に「諸君の運動如何によっては何とかなるだろ」と励まされると、松村鶴吉郎、旭亀吉、坪坂碓夫らの卒業生が動き出した。旭は以前の上司であった清浦奎吾を訪問すると、「一体廃校の理由が解らない。山田伯が逝去したって、やめねばならぬわけはないのだ。維持する金がなければ奔走してつくれば良いだろう。講師の車代に事欠くと云うのならば、心ある講師に良く事情を述べればよいのだ。僕も及ばずながら復校の為に奔走しよう。君達も良く校友をまとめてやってくれ」と励まされ、卒業生や関係者による本格的な再興運動がはじまった。無給の事務職員として校務を処理するとともに、無報酬の講義をお願いすると、引き受けてくれた講師もあらわれ存続への道がひらかれた。当時の講師の多くは、昼間は帝国大学や官公庁での公務をして、それがおわると夜間に日本法律学校で講義をした。これら講師には無給での講義をお願いし、講義料のみで生計をたてていた講師には、松村や旭がその費用を負担した。

　金子堅太郎に再度校長就任要請するも辞退されると、日本法律学校の再興に

は法曹界の著名人に人材をもとめた。こうして清浦・長森が白羽の矢をたてた
のは松岡康毅であった。松岡はのちに第二代校長・初代学長・初代総長となる。
松岡は、1846（弘化3）年に徳島藩生まれ、検事総長（1891（明治24）年6月）、
貴族院議員（同年12月）をつとめ、日本法律学校の評議員でもあった。このと
きは司法省の役職からはなれていたが、司法界に通じ、学校再興に集中できる
適任者であった。

　こうしたなかで日本法律学校では再興決議（1893（明治26）年8月）がおこ
なわれ、存続が決まった。松岡は校長就任前であったが、大学卒業まもない人
物を講師に招いた。その一人が東京帝国大学を首席卒業した松浪仁一郎で、の
ちに商経学部長、法文学部長を歴任する。また、日本法律学校では運営資金が
引き続き大きな課題であった。これには無報酬講義と安い講義料による講師の
採用で対応した。とくに無報酬講義の効果は大きかった。学校経営において無
報酬の講師には経費がかからず、また教壇に初めて立つ講師たちは講義を通じ
て学問的な研鑽をつむという貴重な経験ができた。のちに学界のリーダーとな
る研究者もおり、彼らは学者としてスタートした日本法律学校との関係を大事
にした。一方で学界で名の通る講師たちの講義が受けられる日本法律学校は、
世間の評判を高めていった。かつて特別認可学校の指定を受けられず、学生募
集に苦労した日本法律学校であったが、1893（明治26）年12月14日に司法省
指定学校となり、判事検事登用試験の受験資格が得られた。そして同年12月
16日に松岡康毅が校長に就任した。

3-4　松岡康毅と日本法律学校

(1)　松岡康毅の学校経営

　1893（明治26）年12月に松岡康毅が日本法律学校の第二代校長に就任し、関
東大震災で死去（1923（大正12）年）するまで、約30年にわたり校長、総長と
して学校経営を担った。日本法律学校は司法省指定学校となったことで多くの
学生があつまった。

　学生募集では講義録の販売・入学金免除の特別券・入学紹介状などの工夫が
なされ、「講義録」連載の口述筆記の書籍化・販売がおこなわれた。日本法律

図 1-1　　**日本法律学校初の「独立校舎」**（写真：日本大学企画広報部広報課蔵）。岩崎家から土地を購入して三崎町に建設、現在の法学部につながる。

学校では山田顕義の資金に大いに依存していたといわれ、その一部は國學院へ融資もされていた。資金難になった日本法律学校は、この資金の返済をもとめた。そのため、皇典講究所の借用ではなく、新たな校舎が必要とされ、三崎町に独立校舎が誕生した。これが今日の法学部校舎につながる。

　教育・研究面での充実化もはかられた。法政学会（日本法律学校内）が設立され、『法政新誌』が創刊された。これはのちに『日本法政新誌』さらに『法律学研究』となり、現在の『日本法学』にいたる。また「日本法律学校討論会」も開催され、現在まで受け継がれている。1921（大正 10）年には『日大新聞』が創刊され、1924（大正 13）年には『日本大学新聞』と称して継続発行されている。

(2) 財団法人化

　文部省令（1898（明治 31）年 9 月 1 日付）に従い、日本法律学校の財団法人化がはかられた。寄付行為が定められ、理事には松岡康毅、斯波淳六郎、平沼騏一郎（のちに第 2 代総長）が就任した。財団法人化は私立法律学校では最も早かった。それにより日本法律学校の発展がみられた。高等専攻科が設けられ高度

な法学研究・講義が開始（1898（明治31）年）され、高等師範科の設置（1901（明治34）年）がなされた。高等師範科の設置は中学校令改正による中等教育機関の整備による教員の需要増大にこたえるものである。早稲田大学につづき、私立法律系学校でこの特典を得ることができ、日本法律学校の高等師範科に入学して学内試験で検定基準に合格すれば、無試験で師範学校や中学校の修身・法制及び経済の教員資格を獲得することができた。高等師範科では夜間授業がおこなわれ、師範研究科（修業年限1ヵ年）の課程も併設された。高等師範科はのちに高等師範部と改称した。これが文理学部の前身の一つである。

4　専門学校令時代の日本大学

4-1　専門学校令

　近代化にともない日本全体で進学熱がたかまるも、高等教育の拡大は民間まかせの感があった。福沢諭吉の慶應義塾や大隈重信の東京専門学校では、多くの学科を擁し、多数の教員による授業がおこなわれ、多くの学生が集まっていたものの、私立学校には政府の補助がほとんどなく、法学系中心の学校では兼任教員による夜間授業がおこなわれていた。

　1903（明治36）年に専門学校令が公布された。専門学校の認可基準を定めた法令で公私立の専門学校は法律にもとづく正式な高等教育機関としての地位を得た。当時、大学として認められていた高等教育機関は、制度上、東京帝国大学と京都帝国大学のみであった。

　慶應義塾は大学部を設置（1890（明治23）年）していたが、1902（明治35）年に東京専門学校が中学校卒業生を対象とした1年半の予科の開設を条件に「大学部」の開設と「早稲田大学」への名称変更を文部省に申請、認められると、予科・大学部を設置して「大学」という名称を掲げる私立専門学校が相次いだ。

4-2　日本大学と改称

　日本法律学校は、1903（明治36）年8月に私立日本大学と改称した。このと

きに大学部に法科のほかに政治科・商科を設置し、1904（明治37）年4月に正式に専門学校として文部省から認可をうけた。将来は日本大学で教鞭をとることをみすえて留学生が派遣された。その一人にのちに学監、総長となる山岡萬之助がいた。

　日本大学は高等教育の拡充のみならず中等教育にも進出し、1913（大正2）年2月に私立日本大学中学校を設置した。現在34校ある付属校の第一号である。

　やがて学生数が大幅に増加したが、その後、伸び悩むことになる。日本大学の経営の中枢を担っていた松岡・平沼・戸水は、官界・政界での活動で多忙をきわめ、学校経営に全力を注げる状況ではなかった。こういった状況を打開したのが山岡萬之助であった。

4-3　山岡萬之助が経営に参画

　1876（明治9）年に長野県に生まれた山岡萬之助は苦学して日本法律学校を卒業し、判事検事登用試験（のちの司法試験）に合格して司法省判事となった。日本大学の最初の留学生としてドイツに派遣され、ドイツで博士号をとり帰国、司法省に勤務しつつ日本大学教授として教鞭をとった。大学から請われた山岡は1913（大正2）年に学監、理事となり、1923（大正12）年には平沼騏一郎のあとを引き継いで学長となった。山岡は大正時代以降、1945（昭和20）年の終戦までの長きにわたり日本大学の運営の中心人物である。

　山岡の学校経営の特記すべき点は「建学ノ主旨及綱領」の制定、自治活動・サークル活動の奨励、山岡研究室と、社会のニーズに合わせた学科の増設などがあげられる。山岡の学校経営によって学生数は増加し、財政難が解決した。1919（大正8）年度の卒業式をふくむ大学昇格祝賀会（1920（大正9）年5月）では在学生は大学と大学予科をあわせて942人、専門部では5792人、合計6734人となったと山岡は報告している。

山岡萬之助が語る教育観

当時はまだ大学令による大学ではなく、専門学校令による大学時代でありましたが、法律科はじめすべての学科に哲学を必須科目にしたのです。そういう学校はど

こにもない、哲学に縁遠い人達はよけいなことをすると考えるものもあったのですけれども、これを断行したのです。ところがこれも後に文部省が専門部の教育に対しまして哲学のほかに論理、心理、倫理、合計四科目を教えろということになってきたのです。これは非常によいことであると思いました。法律を学ぶ人も第一原理の哲学を知ることは必要だし、論理もまた心理、倫理というものも基本的な科目として教えることはよいことだと思ったわけなんです。「日本大学署史」(『日本大学精神文化研究所』紀要　第23集。1992年。)

　日本大学の拡大路線は、国内外の状況が追い風となった。1914(大正3)年に勃発した第一次世界大戦は主戦場から遠く離れた日本に好景気をもたらした。日本の会社数は、第一次世界大戦をきっかけに大いに増加し、それにともなって高等教育の需要が急増して進学熱も高まった。

表1-4　山岡萬之助の学校経営

(1)「建学ノ主旨及綱領」の制定(1914〔大正3〕年4月)
「建国ノ精華ニ鑑ミ立教ノ本旨ヲ体シ文化ヲ嚮導スル」(当時の国家によって定められた国家観、教育観に基づいた高等教育機関の活動)
①愛国心を養成して国家に尽くす　②教育勅語や諸法令に従いつつも自主独立の気風を育てる
③学問を究めつつ優れた人格者を養成する
(2)学生の諸活動の奨励　→　雄弁会・運動部の活躍
ロサンゼルスオリンピック(第10回 1932年開催)
日大関係者　4名の参加(水泳・ボクシング)
ベルリンオリンピック(第11回　1936年開催)
水泳で日大勢が活躍　→　戦後直後の古橋広之進の世界記録へつながる
箱根駅伝の連覇
(3)「山岡研究室」と学科の増設
①山岡研究室　1914年開設
司法試験合格者の増加に尽力　→　昭和前期に成果が現れる
日本大学出身者に限らず入室を認めた
専門のみならず、文章の書き方や面接指導
法曹としての人格形成
よい教育・よい指導により学生募集に貢献
②学科増設　1917(大正6)年6月　専門部に宗教科を設置　→　人文系分野にも進出
優秀な教員の招聘
授業科目に宗教学、哲学、社会学が加えられる
共通科目制による各授業の受講生増加　←　カリキュラムの工夫(コスト削減)

出所　日本大学百年史編纂委員会，1997: 567-573，580-586，606-626．日本大学百年史編纂委員会，2000: 215-223，463-465．

5　大学令時代の日本大学

5-1　大学令

　1918（大正7）年9月に原敬内閣が成立した。政策では「四大政綱」（①教育施設の改善充実：高等教育機関の大幅な拡充　②交通機関の整備：鉄道政策　③産業および通商貿易の振興　④軍備の充実）を掲げて取り組んだ。その一つとして、第一次世界大戦の波及効果による高等教育の需要急増に対応し、原内閣は同年12月に大学令を公布した。公私立大学、単科大学が認可され、高等教育機関の大幅な拡充がはかられた。それまで日本、早稲田、慶應、明治、中央などの私立大学は、「大学」と名乗っていても文部省からみれば、法的には専門学校に過ぎなかった。この大学令によって名実ともに大学となった。

　「大学令」の第1条に「大学ハ国家ニ須要ナル学術ノ理論及応用ヲ教授、並其ノ蘊奥ヲ攻究スルヲ以テ目的トシ兼テ人格ノ陶冶及国家思想ノ涵養ニ留意スヘキモノトス」とあり、「帝国大学令」第1条の規定が踏襲されて、すべての大学の目的は国家に奉仕することとなり、国家の監督下におかれた。大学令では「人格ノ陶冶及国家思想ノ涵養」が盛り込まれているのが特徴的である。

表1-5　大学令

「大学令」
（1）要点
①　数個の学部を置くことを常例とするが、一個の学部からなる単科大学も認める。
②　学部に研究科を置き、数個の学部を置く大学は、それらの研究科を総合して大学院とする。
③　公立大学は北海道及び府県が設立し、私立大学は財団法人に限る。
④　修業年限は3年（医学部は4年）とする。
⑤　大学予科の修業年限は3年または2年とする。
⑥　入学資格は大学予科・高等学校高等科を修了した者、大学予科は中学校4年を修了した者とする。
⑦　設立廃止は、文部大臣の認可を受ける。
⑧　私立大学の教員採用には、文部大臣の許可が必要。
（2）私立大学の設立認可の条件
・一定額の基本財産を供託すること
・高等学校と同水準の大学予科の開設

・校舎、図書館など教育研究に必要な設備の整備

出所　日本大学広報部大学史編纂課（2011a: 67-71）をもとに作成した。

5-2　日本大学の昇格への苦闘

　日本大学の大学昇格は大変な苦労があった。少し長くなるが『日本大学七〇年略史』を引用する。

　　新大学令が大正七年十二月に公布されると、慶應、早稲田の両大学は供託金を納付すれば設備内容など、ほとんど問題ないといわれ、翌年の三月には早くも昇格確定のように噂されていた。その他明治、法政、中央、国学院、同志社なども八年の九月頃には、事務手続を完了すれば昇格可能の段階まで達していたのである。ひとりわが大学が九月の二学期に入るも、昇格未定だといわれた。歳末には昇格困難であると流言されて、まさに存亡の岐路に立たされたのである。昇格が遅れるとすれば志願者は激減し、在学生もまた他に転校して私大の並列から脱落する。貧弱な校舎、図書館、研究室の不備、財源の基礎もなく新大学として認められないとは、文部当局の言明だけではない。本学の教授校友の中にもこう断言してはばからないものがあった。九年の一月に至って校舎新築の着手などからようやく文部当局の認めるところとなって、昇格可能の見通しもついたのであるが、それにはまた二重三重の難関が行く手をさえぎっていた。新校舎は新学期までに是が非でも竣工させねばならない、五十万円の供託金中大正九年度に供託すべき十万円の金策、昇格申請書の学則、予算書、教授、講師の名簿の作成など、そして文部省の機関による厳重な査察を経ねばならない。その衝に当っている大学当局の苦衷は察してあまりある。……申請書は二月中に完成し、十万円の供託金は三月六日までに保護預りを完了し、大正九年三月六日付をもって大学設立の件、理事男爵松岡康毅より文部大臣中橋徳五郎宛に提出された。大正九年三月二十五日、四月一日両度にわたる文部大臣官邸の高等教育会議員会において、内容その他の調査材料につき審議、日本大学は大学令によって承認されることが決った。同年四月十五

表1-6　大学令による私立大学の設立

大正 9 年	慶應義塾大学・早稲田大学・明治大学・法政大学・中央大学・日本大学・國學院大學・同志社大学
10 年	東京慈恵会医科大学
11 年	龍谷大学・大谷大学・専修大学・立教大学・立命館大学・関西大学・東洋協会大学（拓殖大学）
13 年	立正大学
14 年	駒澤大学・東京農業大学
15 年	日本医科大学・高野山大学・大正大学
昭和期	東洋大学・上智大学・関西学院大学・藤原工業大学（現在の慶應義塾大学工学部）・興和工業大学（現在の千葉工業大学）・大阪理工科大学（現在の近畿大学）

出所　日本大学広報部大学史編纂課（2011a: 71）および天野（2009b: 366）より作成し、一部をおぎなった。

　日、日本大学を大学令により設立するの件、文部大臣より認可され、同指令は東専六十二号をもって、東京府を経由して本学に交付された。（日本大学，1959: 170-171）

　困難に直面したものの、関係者は決して諦めることなく認可に向けて取り組んだことがよくわかる。まさに「薄氷を履むがごとし」の感である。こうして慶應、早稲田、明治、法政、中央、國學院、同志社とともに 1920（大正 9）年に日本大学が誕生した（表1-6）。
　大学令によって、その後も大学は誕生して、帝国大学は東京・京都・東北（1907（明治 40）年）・九州（1910（明治 43）年）・北海道・大阪・名古屋の七つとなり、ほかに朝鮮に京城帝国大学、台湾に台北帝国大学があった。京城・台北は文部省ではなく総督府が所管した。また法令上、専門学校でありながら、すでに大学の名称を認められていたのは 25 校であった。これらの専門学校は大学に昇格したが、必ずしも大学令公布直後に認可されたわけではなく、大学昇格が難関であったのは日本大学に限らなかった（表1-6、表1-7）。

表1-7　大学令による官公立大学の設立

〔官立・総合大学〕〈大正期〉北海道帝国大学　〈昭和期〉大阪帝国大学・名古屋帝国大学
〔官立・単科大学〕〈大正期〉東京商科大学・新潟医科大学・岡山医科大学・千葉医科大学・金沢医科大学・長崎医科大学 〈昭和期〉東京工業大学・大阪工業大学（大阪帝大へ）・神戸商業大学・東京文理科大学・広島文理科大学・神宮皇學館大学（内務省より移管）
〔公立大学〕〈大正期〉大阪医科大学（のち大阪帝大へ）・愛知医科大学（のち名古屋帝大へ）・京都府立医科大学・熊本医科大学（のち官立へ） 〈昭和期〉大阪商科大学

出所　天野（2009b: 365）より作成し、一部をおぎなった。

表1-8　大学昇格功労者

総長	山岡萬之助（理事）	寄付金 3000 円	昇格に関する一切の計画を樹立
顧問	平沼騏一郎（理事）	寄付金 3000 円	昇格の功労多し
顧問	鈴木喜三郎（理事）	寄付金 3000 円	供託基金に関して功労多し
学監	川口義久（理事）	寄付金 2000 円	昇格の功労多し
参事	鎌田彦一（教務・会計両課長兼務）	寄付金 500 円	昇格申請書の一切を作成
嘱託	佐藤友次郎	寄付金 200 円	鎌田課長を補助

出所　日本大学（1959: 186-187）より作成。

大学昇格では、寄付金面での大きな功労者は山岡・平沼・鈴木であるが、心配した学生たちによる募金活動もあった。

5-3　大学昇格と発展

　日本大学の大学昇格では大学運営にかかわる関係者の寄付によるところが大きかった。後年（昭和14年付）、多額な寄付をよせた功労者を「昇格功労者事績」とした報告書がある（表1-8）。

　日本大学が昇格したとき、大学令による大学学部・大学予科・大学院と、専門学校令による大学部（募集を停止し数年後廃止）・大学予科・専門部・専門部予科・高等専攻科・高等師範部・師範研究科があった。新設大学学部は法文学部（法律科・政治科・宗教科・社会科）と商学部（商科）の開設からはじまり、専門部と選科に女子の入学を認めたのもこの時代である。

　その後、高等師範部の拡充や高等工学校（理工学部の前身）、専門部歯科の設

置をおこなうとともに法文学部や専門部の人文系・芸術系を中心とした学科（学部にも若干名の選科生がいた）を増設した。

　大学昇格にともない、日本大学ではいくつもの拡充策・拡大路線がとられた。ところがわずか数年後に大きな災難に見舞われた。1923（大正 12）年 9 月 1 日の関東大震災である。校舎のすべてが焼失し、校長の松岡康毅は滞在先の葉山の別荘で被災死した。関東大震災は、日本大学に甚大な被害をもたらしたが、10 月 1 日の授業再開を目指して復興委員会が組織され活動しはじめた。復興にあたっては、教職員のみならず、学生の多大な協力があった。学生の協力活動では「復興委員会が立ち上がると、その別働隊として組織された学生救護班が、東京市内の盛り場を中心に、倒壊をまぬがれた電柱・石垣・門柱・板塀などの至るところに、十月一日の授業再開を告知する『日大新聞』特報を貼りめぐらし」た（日本大学広報部大学史編纂課, 2011a: 81）。

　貼紙は、日本大学復興の力強いメッセージとなった。さらに分担した地区の講師宅を学生救護班が訪問し、10 月 1 日からの授業再開や、東京洋服学校（池袋）や日本高等女学校（大塚）などの仮校舎の所在地を連絡してまわった。こうして予定通り、日本大学は 10 月 1 日の授業再開が実現した。「日本法律学校の廃校決議」、大学昇格の際の学生たちの募金協力につづき、関東大震災の復興においても、学生たちの日本大学によせる惜しみない協力があった。

　日本大学は、平沼騏一郎総長・山岡萬之助学長体制で復興と大学の拡充がはかられた。専門部医学科の設置・日本大学専門学校（近畿大学の前身）の開校（1925（大正 14）年）、工学部の設置（1928（昭和 3）年）とつづき、1920 年代後半から 30 年代中頃にかけて神田三崎町・駿河台・板橋・世田谷に鉄筋コンクリートの重厚な新校舎が建てられた。また教授陣を東京帝国大学から招聘するとともに、留学生の派遣による生え抜きの優秀な専任教員が教鞭をとった。ドイツへ留学した永田菊四郎（戦後長く総長を務めた）などはその一人である。

　1940 年代には医学部（1942（昭和 17）年）や農学部（1943（昭和 18）年）が設置された。

　日本大学が大学昇格時に定めた学則では、昼間部の設置を定めていた。専門学校時代には夜間授業が主体であったことと比べると画期的なことで、以後、昼間授業の拡大の努力がなされていくことになった。日本大学に限らず神田・

図 1-2　仮校舎で授業再開を伝える新聞広告
（写真：日本大学企画広報部広報課蔵）

駿河台周辺の私立大学でも昼間授業が実施されるようになると、大学生の「キャンパスライフ」がはじまり、「学生街」がにぎわった。

5-4　日本大学専門部

　日本大学では学生数の 7 割（7000 人）前後が専門部に所属していた。専門部は設置認可の基準が大学・大学予科と比べて緩く、施設設備は学部と共有ができた。旧制中学校卒業程度で入学でき、大学と同じ授業が受けられ、学費は大学の 6 割程度であった。多くは働きながら学ぶ学生で、国の統計では「学生」ではなく「生徒」に分類されており、学生の格としては大学学部に劣る位置づけであった。日本大学の専門部は、「理系の学科を持つ総合的な専門学校は、この日大専門部だけでありそれ以外は法・政・商・経の社会系に文科や高等師範科を加えた、いわば「法文系複合」の編成形態が支配的だったから、異色の存在だったことになる。こうした「日大方式」は、私立高等教育機関のその後

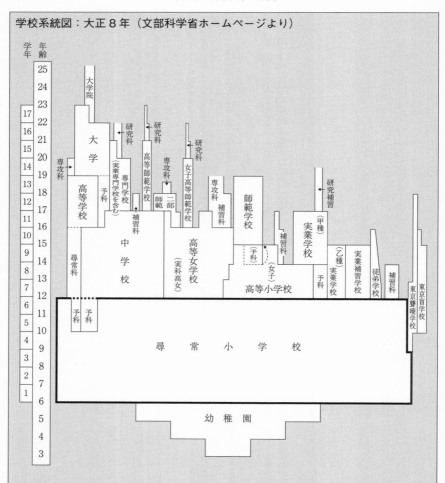

学校系統図：大正8年（文部科学省ホームページより）

秋入学から春入学へ

入学式というと、春、桜の咲くころというのが当たり前になっているが、4月入学が定着したのは大正時代であった。小学校・中学校の入学期が、明治20年代に4月になったものの、官立の諸学校は9月入学が一般的であった。私学は次第に4月入学に移行し、9月入学にこだわっていた帝国大学も大正9年に4月入学ときめると、わが国では4月入学、学年の開始が春ということになった。ただ秋入学から春入学への移行については諸説ある。

の発展に、学校経営の重要なモデルを提供するものでもあった」（天野，2013a: 287）という。

　大学令によって設立された私立大学は、学部・予科・専門部が併存していたが、大学全体に占める専門部在学者の比率は慶應・拓殖・仏教系諸大学が20%前後で、おおかたの大学では50%以上、立命館・関西が60%前後、中央・日本が70%であった。苦しい大学経営のなかで、収入面では専門部の役割は多大であった（天野，2013a: 404-405）。

5-5　司法の日大

　私立大学には安定した財源が不可欠である。私立大学の財源の多くは学生納付金からなっていた。山岡萬之助は、多くの学生があつまる大学にするためには、卒業生の良さによって大学の社会的評価を高めることが一番で、それが結果として学生募集の何よりの近道であると考えた。その一つが「法律を学ぶなら日大へ行け」といわれた日本大学の社会的な評価である。山岡研究室の指導により、高等文官試験合格者（司法科）を多数輩出すると、社会的評価が高まり、法律を学ぶ向学心に富んだ学生が多く集まった（表1-9）。これは戦後の司法試験の指導にも継承され、個人研究室であった山岡研究室は、のちに司法研究所として組織上に位置づけられた。

5-6　戦時体制下の日本大学

　1937（昭和12）年8月に「国民精神総動員実施要項」が閣議決定されると、

表 1-9　高等文官試験（司法科）合格者数
1934（昭和 9）年～ 1940（昭和 15）年

1	東京帝国大学	683 人
2	中央大学	324 人
3	日本大学	162 人
4	京都帝国大学	158 人
5	関西大学	74 人

戦時体制へと向かった。高等教育機関在学者にも勤労奉仕が求められ、日本大学では報国団を結成して奉仕・勤労活動にあたった。戦時期の大学では、在学・修学年限の短縮・徴兵猶予停止により、1943（昭和18）年秋からは学徒出陣が行われ入営（陸軍）・入団（海軍）して前線に送られ、残った学生は勤労動員に駆り出された。私立大学は、政府からの「非常措置」への対応（定員削減・学部学科の整理統合、とくに文系縮小）を迫られた。学生の兵役の特例が停止され、動員により授業どころでなくなり、教育も破壊された時代であるが、理工系の拡大や育英制度の創設などが実現したのもこの時代であった。

　1941（昭和16）年12月8日の太平洋戦争勃発後、日本大学でも、他大学同様、多くの学生が組織的に工場などに勤労動員され、1943（昭和18）年秋にいわゆる学徒出陣がおこなわれ、軍人となった学徒が戦地に派遣され、多くの犠牲者をだした。1942（昭和17）年に専門部文科の、1944（昭和19）年には文系学部の学生募集が停止された。これは「非常措置」に対応したものであるが、政府の文系縮小の意向に、山岡は建学の理念にこだわり「日本文化を向上する為に

図1-3　大学が主催した**日本大学学生の学徒出陣壮行会**（写真：日本大学企画広報部広報課蔵）。明治神宮外苑競技場で出陣学徒の壮行会（10月21日）後、日本大学は在学生の学徒出陣壮行会を小石川後楽園球場でおこなった（11月17日）。現在確認できているだけでも約8000名の日本大学の学生が戦地におもむいた。

日本法律学校を創った」日本大学は、「どんな犠牲を払っても文系の学部を失ふことは絶対に出来ない」として文系学部を残した（日本大学百年史編纂委員会, 2000: 811-812）。日本大学は法文・商経・工・農・医の各学部は残ったが、文・法律・政治経済・商・経済・拓殖・芸術・工・医・歯の 10 科、高等師範部からなる専門部は、拓殖科を除き文系専門部各科を廃止、芸術科は写真・映画などの専攻を工科として江古田に新設、高等師範部は廃止された。こうして 1945（昭和 20）年 8 月 15 日の終戦をむかえた。

6　　新制日本大学の時代

6-1　　新制大学の誕生

　1947（昭和 22）年に学校教育法が公布された。その第 52 条に「大学は、学術の中心として、広く知識を授けるとともに、深く専門の学芸を教授研究し、知的、道徳的及び応用的能力をさせることを目的とする」とあり、「国家のための大学」から「市民のための大学」へと転換がはかられた。これは教育制度史上、画期的なことである。新制度による大学は、1949（昭和 24）年は 180 校で、これは旧制度の 50 校と比べると急増といえる。

6-2　　新制日本大学

　空襲の被害をほとんど受けなかった日本大学は、1945（昭和 20）年 8 月下旬以降に授業を再開した。占領軍や文部省が教育の民主化を打ち出すと、総長の山岡萬之助は、学内に教育の民主化を指示した。「公職追放覚書」（1946（昭和 21）年 1 月 4 日）により、山岡は日本大学総長を辞任し、経済学部長の呉文炳が第 4 代総長に就任し、旧制時代の刷新と大学の再建がはかられた。

　1946（昭和 21）年 11 月に日本国憲法が公布され、翌 47（昭和 22）年 3 月に教育基本法と学校教育法が公布された。新制度の下で、1949（昭和 24）年 2 月に日本大学が認可され、あらたに新制日本大学として出発した。新制日本大学の誕生については、「専門部という資産の最も積極的な活用を図った」（天野,

図 1-4　昭和天皇を招いての日本大学創立 60 周年記念式典（写真：日本
大学企画広報部広報課蔵）。式典は神田三崎町でおこなわれた。天皇陛下
（中央）を先導するのは呉文炳第 4 代総長（左）

表 1-10　新制日本大学の学部（7 学部）・学科（35 学科）一覧

法学部	**法律学科、政治経済学科、新聞学科**
文学部	**宗教学科、社会学科、哲学科、倫理学科、教育学科、心理学科、国文学科、英文学科、史学科**、（人文地理学科）
経済学部	**経済学科、経営学科**
芸術学部	写真学科、映画学科、美術学科、音楽学科、文芸学科
工学部（現・理工学部）	**土木工学科**、建築学科、**機械工学科、電気工学科、工業化学科**
農学部	農学科、畜産学科、農業経済学科、林学科、水産学科
第 2 工学部（現・工学部）	土木工学科、建築学科、機械工学科、電気工学科、工業化学科

出所　日本大学広報部大学史編纂課（2011b: 46）

ゴシックは 2 部を併設、人文地理学科は 2 部のみ
第 2 部（夜間）の学生数の割合は高く、学生定員（3570 名）の 4 割であった。文系専門部の学科は法
学部、文学部、芸術学部等に吸収され、工科は第二工学部となり、移転して福島県郡山でスタートし
た。

表 1-11　昭和 30 年代から昭和 40 年代初めに増設した学部・学科

商学部（新設）	商業学科、経営学科、会計学科
生産工学部（新設）	機械工学科、土木工学科、建築工学科、工業化学科、管理工学科、電気工学科、統計学科
文理学部（文学部から改組）	中国文学科、独文学科、体育学科、地理学科、数学科、応用数学科、物理学科、応用物理学科、応用地学科、化学科
理工学部（工学部から改組）	物理学科、数学科、交通工学科、精密機械工学科
法学部	経営法学科、管理行政学科
経済学部	産業経営学科
芸術学科	放送学科
農獣医学部	農芸化学科、農業工学科、食品製造工学科（食品工学科）、拓殖学科
短期大学部	放送科、栄養科、建築科、機械科
通信教育部	商業学科

出所　日本大学広報部大学史編纂課（2011b: 66）

2016: 677）と評価されている。戦時中に廃止や学生募集が停止された文系の専門部・高等師範部が、1947（昭和 22）年に再開され、1949（昭和 24）年に新制大学として法学部など 7 学部がスタートした（表 1-10）。

　1952（昭和 27）年には医学部医学科、歯学部歯学科が新学制に移行して、9学部からなる総合大学となった。戦後の高度成長の時期ともかさなり、多くの学生を集めた。1950 年代後半には学生数 3 万人をかぞえ、学生数、学部学科の多様性からいって、日本一となった。1960（昭和 35）年ごろまでは学部・学科・大学院が増設された（表 1-11）。

6-3　古田重二良と「日大紛争」

　戦後の日本大学の拡大施策を主導したのが古田重二良である。日本大学を卒業後、事務職員として母校に勤務し、理事長を経て最高責任者である会頭職を12 年間務めた。国家に貢献しうる世界一の大学、「世界的総合大学」をめざした古田は、教育・研究内容、施設の整備、教職員の待遇など、大学のさまざまな改善を計画し、その一部を実現させた。

1949（昭和24）年に新制大学としてスタートしたときに「日本大学の目的および使命」を制定した。これについては教育基本法に準拠したものではあるものの、私学の独自性が出ていないという意見も多く、その改定が懸案となっていた。創立70周年を迎える1959（昭和34）年に目的にあたる部分が「日本大学は、日本精神にもとづき、道統をたっとび、憲章にしたがい、自主創造の気風をやしない、文化の進展をはかり、世界平和と人類の福祉とに寄与すること」とあらためられた。「建学の精神」を継承した「目的および使命」には「日本人の主体性の認識」「広く世界的視野に立った人材の育成」「自主創造の気風」などによって、日本の発展に貢献し、ひいては世界の平和と福祉に寄与するという目標が掲げられた（日本大学広報部大学史編纂課（2011b: 62）参照）。

昭和30年代に日米安保条約などが契機となって盛んになった学生運動は、昭和40年代になると在籍する大学に向けられた。慶応義塾大学・早稲田大学・明治大学などで、大学当局と学生の間で紛争が相次いでおこった。1968（昭和43）年春に「日大紛争」がはじまり、死傷者も出す大事件へとなったが、紛争は翌年には下火となった。寄付行為が改正され、大学の運営体制が大きく変化した（日本大学広報部大学史編纂課（2011b: 83-96）参照）。

6-4 「自主創造」を前面にすえて

その後、日本大学は1978（昭和53）年に国際関係学部、1987（昭和62）年に薬学部、2016（平成28）年に危機管理学部、スポーツ科学部が設置され、現在、法学部をはじめ、あわせて16学部86学科、短期大学部4学科、通信教育部4学部、そして大学院19研究科を有する総合大学である。

日本大学は、2007（平成19）年に教育理念を「自主創造」とし、2016（平成28）年「日本大学教育憲章」を制定した。それにもとづく初年次導入教育として設けられたのが、「自主創造の基礎」である。

日本大学憲章

日本大学は、本学の「目的及び使命」を理解し、本学の教育理念である「自主創造」を構成する「自ら学ぶ」、「自ら考える」及び「自ら道をひらく」能力を身に

つけ、「日本大学マインド」を有する者を育成する。

　2019（令和元）年10月に日本大学は創立130周年を迎えた。日本法律学校の創立から130年以上の歴史がある日本大学では、山田顕義の死による廃校決議（存続の危機）、大学の昇格をめぐる苦悩、関東大震災による被災、太平洋戦争期の大学の縮小・出征、終戦後の混乱など、数々の困難に遭遇してきた。その130年は、そのたびごとに教職員・卒業生をはじめとする日本大学関係者の愛校心や惜しみない努力によって乗り越え、発展してきた歴史でもあるといえよう。

　執筆にあたっては、日本大学理事長特別研究（平成24年〜平成26年）の自校史教育者養成のプロジェクト（「日本大学の自校史教育における教育担当者の実践的研究」）の成果をもとにした。プロジェクトでご指導いただいた三宅守常元医学部教授、企画広報部広報課の松原太郎氏、髙橋秀典氏をはじめ、今回、さらに同課の上野平真希氏、図子まほろ氏に内容・形式において多くの助言をいただいた。厚く御礼を申し上げたい。

参考文献
天野郁夫（2009a）『大学の誕生（上）』．中央公論新社.
天野郁夫（2009b）『大学の誕生（下）』．中央公論新社.
天野郁夫（2013a）『高等教育の時代（上）』．中央公論新社.
天野郁夫（2013b）『高等教育の時代（下）』．中央公論新社.
天野郁夫（2017）『帝国大学』．中央公論新社.
天野郁夫（2016a）『新制大学の誕生（上）』．名古屋大学出版会.
天野郁夫（2016b）『新制大学の誕生（下）』．名古屋大学出版会.
天野郁夫（2019）『新制大学の時代』．名古屋大出版会
桜門文化人クラブ（編）（1960）『日本大学七十年の人と歴史』第1巻．洋洋社.
日本大学（編）（1959）『日本大学七十年略史』．日本大学.
日本大学百年史編纂委員会（編）（1997）『日本大学百年史』．第1巻．日本大学.
日本大学百年史編纂委員会（編）（2000）『日本大学百年史』．第2巻．日本大学.
日本大学百年史編纂委員会（編）（2002）『日本大学百年史』．第3巻．日本大学.
日本大学百年史編纂委員会（編）（2004）『日本大学百年史』．第4巻．日本大学.
日本大学広報部大学史編纂課（2011a）『日本大学のあゆみⅠ』．日本大学.
日本大学広報部大学史編纂課（2011b）『日本大学のあゆみⅡ』．日本大学.
松原太郎（2019）『山田顕義と萩』．萩ものがたり.
吉見俊哉（2011）『大学とは何か』．岩波書店.

法学部図書館には山田顕義に関する資料や動画（DVD）が所蔵され、展示会も頻繁におこなわれている。また、日本大学会館でも所蔵物の展示がおこなわれ、さらに日本大学のホームページでは「日本大学の歴史」として日本大学の歴史が紹介されている。

第 2 章
政治社会を支える一員として

1 選挙権年齢および成年年齢の引き下げ

　少し前まで、日本では、選挙権年齢も成年年齢も「20 歳以上」とされていた。しかし、近年になって、双方とも「18 歳以上」に引き下げられた。

　まず、選挙権年齢であるが、2015 年 6 月 17 日に公職選挙法が改正され、国政選挙および地方選挙等における投票年齢規定が「20 歳以上」から「18 歳以上」に引き下げられた。この法改正を受けて、法成立 1 年後の 2016 年 6 月 19 日以降に公示・告示される選挙等から、18 歳以上の国民が国政選挙や地方選挙で投票することができるようになった（林，2016: 38）[1]。

　18 歳、19 歳の若者も国政の重要な判断に参加できるようになったことから、市民生活に関する基本法である民法でも、18 歳以上を大人として扱うのが適当ではないかという議論がなされ、成年年齢が 18 歳に引き下げられることになった（法務省，2022）[2]。2018 年 6 月 13 日に、民法の成年年齢を 20 歳から 18 歳に引き下げること等を内容とする「民法の一部を改正する法律」が成立し、

---

1)　公職選挙法の第 9 条は「日本国民で年齢満 18 年以上の者は、衆議院議員及び参議院議員の選挙権を有する」としている。また、同第 9 条 2 では「日本国民たる年齢満 18 年以上の者で引き続き 3 箇月以上市町村の区域内に住所を有する者は、その属する地方公共団体の議会の議員及び長の選挙権を有する」としている。
2)　民法の定める成年年齢は、「1 人で契約を締結することができる年齢」という意味と、「父母の親権に服することがなくなる年齢」という意味を持つものである。なお、成年年齢が 18 歳になっても、飲酒や喫煙、競馬などの公営競技に関する年齢制限は、従来と変わらず 20 歳のままである。

2022 年 4 月 1 日から施行された。

　日本の大学に入学する者は、「飛び入学」制度を利用する人以外、ほとんどが 18 歳以上である。18 歳以上であるということは、ほとんどの大学生は成年年齢に達しており、かつ選挙権も付与されていることになり、その意味で、私たちの社会を支える重要な役割を担う存在であるといえる。この章では、選挙権年齢の引き下げに焦点を合わせて、政治社会の重要な担い手としての若者について考えてみたい。まず、第 2 節では、若者世代の選挙参加の現状について概観し、若者の投票率が低調に推移していることを確認する。そのうえで、第 3 節では、選挙が民主主義にとって重要な制度であること、および選挙に参加しないことが若者世代にとって損になることを説明する。第 4 節では、民主主義における政治への関わりが選挙だけに限られない点を指摘する。そして、政治的問題について主体的・論理的に考えるために必要となるスキルがどのようなものであるのか、という点についても述べたいと思う。

2　若者の選挙参加の現状

　若い人たちはどれくらい選挙で投票をしているのであろうか。図 2-1 と図 2-2 は、国政選挙の年代別投票率を示している。ここから、選挙権年齢が引き下げられた後に行われた国政選挙での 10 歳代および 20 歳代の投票率を見てみよう[3]。まず、衆議院議員選挙であるが、2017 年 10 月の第 48 回衆院選では、10 歳代が 40.49％、20 歳代が 33.85％であり、2021 年 10 月の第 49 回衆院選では、10 歳代が 43.21％、20 歳代が 36.50％となっている。参議院議員選挙ではどうであろうか。2016 年 7 月の第 24 回参院選では、10 歳代が 46.78％、20 歳代が 35.60％であり、2019 年 7 月の第 25 回参院選では、10 歳代が 32.28％、20 歳代が 30.96％、そして 2022 年 6 月の第 26 回参院選では、10 歳代が 35.42％、20 歳代が 33.99％となっている。いずれの選挙でも、10 歳代および 20 歳代の投票率は、他の年代と比べて低い水準にとどまっている。

3)　年代別投票率は、全国から標準的な投票率を示している投票区を抽出して調査したものである。また、10 歳代の投票率は、第 24 回参議院議員選挙および第 48 回衆議院議員選挙のみ全数調査によるものである。

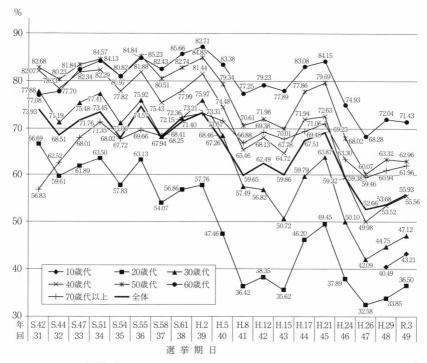

出所〈https://www.soumu.go.jp/senkyo/senkyo_s/news/sonota/nendaibetu/〉

図 2-1　衆議院議員総選挙における年代別投票率の推移

　なぜ若者は投票に行かないのであろうか。2016年12月に総務省が公表した
「18歳選挙権に関する意識調査」（全国の18歳から20歳の男女3000人を対象）で
は、同年7月の第24回参院選で投票をしなかった回答者に、その理由を尋ね
ている（総務省，2016）。それによれば、「今住んでいる市区町村で投票するこ
とができなかったから」が21.7％と最も多く、次いで「選挙にあまり関心がな
かったから19.4％」、「投票所に行くのが面倒だったから16.1％」、「どの政党や
候補者に投票すべきかわからなかったから11.9％」、「自分のように政治のこと
がよくわからないものは投票しない方がよいと思ったから10.7％」、「私一人が
投票してもしなくても世の中は変わらないと思ったから9.7％」と続いている。
調査対象者の85.2％が学生だったこともあり、住所が変わったにもかかわらず

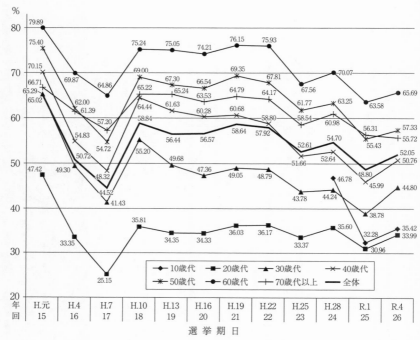

出所　〈https://www.soumu.go.jp/senkyo/senkyo_s/news/sonota/nendaibetu/〉

図 2-2　参議院議員通常選挙における年代別投票率の推移

住民票を移動していない人が多かったものと推測される。

　日本では、選挙権の行使は義務ではなく、選挙で投票をしなかったとしても罰せられることはない。そのため、政治や選挙にそもそも関心がない人や、日曜日に投票に行くよりは遊びに行きたいと考える人、あるいは自分の 1 票で政治が変わるとは思えない人であれば、なおさら投票には行かないであろう。

　しかしながら、選挙という行為は、私たちが暮らしている民主主義という政治的仕組みにとって極めて重要な意義をもつものである。皆が選挙に行かずに投票を行わなくなってしまえば、民主主義という仕組みそのものの根底が崩れることになってしまう。また、若者の投票率が低いということは、実は若者の将来にとって大きな損失につながる可能性をもたらす。そこで、次節では、民

主主義における選挙の意義について説明し、若者の低投票率が若者自身の将来の損失につながる理由を明らかにしよう。

3　選挙がなぜ重要なのか

　日本は民主主義的な国家である。民主主義は、語源的に理解すれば、自分たちのことを自分たちで決めることができる政治的仕組みということになる[4]。非民主主義的な国家では、それとは対照的に、独裁的支配者が恣意的に国民のことがらについて決定を下し、国民はその決定に強制的に従わされる。

　自分たちのことを自分たちで決めるためには、どうすればよいのだろうか。単純に考えれば、全員が集まって、全員で話し合って、全員で決定を下す、ということになるであろう。このような民主主義は直接民主主義と呼ばれ、古代ギリシア・アテネにおける都市国家（ポリス）で行われていた。今日でも、スイスでは、住民にイニシアチブやレファレンダムの権利が認められており、直接民主主義的な政治が行われている。

　しかし、現代の国家においては、全員が集まることは物理的に困難であるし、全員が話し合ったとしても、様々な意見が噴出して議論が平行線のままに終わり、建設的な話し合いが困難となる可能性がある[5]。そのような状況で全員で決定を下したとしても、納得する人がいる一方で、不満をもつ人も多く存在することになるであろう。それゆえ、現代の国家においては、全員で集まることも、全員で話し合うこともなく、それでもなお自分たちのことを自分たちで決めるために、直接民主主義とは別の民主主義が採用されている。

　直接民主主義にかわる民主主義として採用されているのが、間接民主主義という仕組みである。間接民主主義では、全員が集まって話し合い、決定を下すのではなく、私たちが選び出した代表者が集まって話し合い、そして政治的な

4）　民主主義という用語は、多数者や人民を意味する *demos* と、支配や権力を意味する *kratos* が結合されたものであり、「多数者の支配」という意味である。この語源が示すように、民主主義の本質は、政治権力を多数者である市民が握るという点にある。

5）　このような考え方とは反対に、むしろ政治的決定は、人々の間での公正で合理的な議論と討論の産物であるべきだと主張する「熟議民主主義」論もある。熟議民主主義については Fishkin（2009）、Ackerman and Fishkin（2004）、荒井（2019）を参照。

決定を下す。つまり、間接民主主義は、「自分たちで代表者を選ぶ」という要素を加えることで、「自分たちのことを、自分たちが選んだ代表者が決める」という政治的仕組みになっているのである。

　この間接民主主義において、「自分たちで代表者を決める」ための制度が選挙である。選挙が自由で公正かつ定期的に行われることで、私たちは「自分たちのことを決める」権限を代表者に委任することができる。私たちは、選挙を通じて、誰を代表者にするかを決めることができるし、また誰を代表者にしないかも決めることができる。私たちのことがらについて決定を下す代表者を私たち自身が選挙を通じて選び出すことで、私たちは、私たちのことがらについて間接的に決定する権限を行使できるのである。

　選挙で選ばれた代表者は、タテマエとしては、私たち全体の利益を考えて政治活動を行うが、ホンネとしては、自身を選出した人たちの利益の実現に向けて努力し政治的決定を行うことになる。次の選挙で再び代表者となるためには、支持してくれる人たちの利益を実現して、再び選挙で票を入れてもらう必要があるからである。

　ここで、さきの低投票率と民主主義の問題に立ち返ろう。選挙に行かずに投票しない人が増えるということは、私たちのことがらを間接的に決める権限を行使しない人が増えることを意味する。投票をしない人たちは、自分たちのことがらを決める権限を代表者に委任していないことになる。にもかかわらず、適切な手続きで実施された選挙を通じて選ばれた代表者は、投票をしなかった人たちに関することがらについても政治的決定を下す正統性をもつことになる。つまり、選挙に行かずに投票をしない人たちは、自分たちのことがらについて他の人たちが決めることを受け入れなければならないのである。それゆえ、選挙に参加して投票をする人が少なくなるということは、自分たちのことを自分たちで決めるという民主主義の根底を掘り崩すことになるのである。

　次に、もう1つの問題について考えてみよう。若者の投票率が低いことは、若者の将来にとって大きな損失につながる可能性をもつという点である。

　少し前に述べたように、選挙で選ばれた代表者は、次の選挙でも選ばれるために、自身を選出した人たちの利益の実現に向けて努力する。ということは、選挙で投票しない人（つまり得票につながらない人）の利益の実現には消極的に

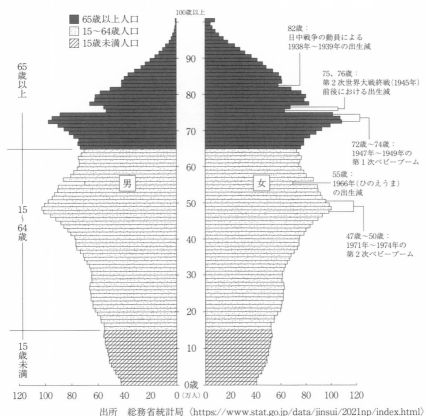

出所　総務省統計局〈https://www.stat.go.jp/data/jinsui/2021np/index.html〉

図 2-3　我が国の人口ピラミッド（2021 年 10 月 1 日現在）

なるということでもある。

　直近の衆議院議員選挙（2021 年）の投票率で見てみると（図 2-1 参照）、10 歳代が 43.21％、20 歳代が 36.50％であるのに対して、60 歳代は 71.43％、50 歳代は 62.96％、70 歳代以上は 61.96％となっており、投票率の世代間格差は極めて大きくなっている。

　さらに、人口構造の面で見ても（図 2-3 参照）、18 歳と 19 歳の人口（230 万人）および 20 歳代の人口（1264 万人）よりも、50 歳代（1707 万人）、60 歳代

（1526 万人）、70 歳代以上（2834 万人）の人口の方が多くなっている。つまり、若者の世代よりも高齢の世代の方が、投票率が高いだけでなく、投票人口の点でも多くなっているのである。

　このように、高齢者の多くが投票に行く一方で、若者の多くが投票に行かないことから、代表者は、高齢者の利益を実現する政治的決定を優先させることになる[6]。これは具体的には、いずれの政策にどれだけの予算を配分するか、という点に反映されることになる。図 2-4 は、世代別人口と投票者、そして予算配分との関係を示している（日本経済新聞政治部編，2016: 12-14）。国の予算のうち政策の実施に使える予算を政策経費と呼ぶ。2016 年度予算では政策経費は 57 兆円あったが、その内訳を見ると、年金が 11 兆円、医療費も 11 兆円となっている。医療費には、働く世代や若者世代も含まれるが、最も支出が多くなるのは高齢者である。また、介護への支出が 3 兆円となっている。年金、医療費、介護への支出で 25 兆円となり、予算全体の 44％を占めている。若者世代向けの支出としては、少子化対策が 2 兆円、文教費が 4 兆円程度に過ぎない。このように、予算配分の面から見ると、若者向けの支出に対して、高齢者向けの支出が極めて大きな割合となっていることがわかる。

　若者の将来にとって大きな損失につながる可能性について、さらに別の視点から見てみよう。日本人が生涯で「政府から受ける利益」（国・地方の公共サービス（警察・消防他）、社会資本サービス、年金等の社会保障給付）と「政府に支払う負担」（税負担、社会保険料）に、世代間でどれだけの差額が生まれるかという点である（内閣府，2005）。この差額は生涯純受益額（生涯受益額－生涯負担額）と呼ばれるものである。内閣府の試算によれば、60 歳以上世代（1943 年以前生まれ世代）は生涯を通じて 4,875 万円のプラスであり、50 歳代世代（1944 ～ 53 年生まれ）も 1,598 万円のプラスとなっている。しかし、40 歳代以下のすべての世代は、生涯を通じてマイナスとなり、20 歳代世代（1974 ～ 83 年生まれ）は 1,660 万円のマイナス、1984 年以降に生まれた世代にいたっては 4,585 万円のマイナスとなっている。

　このように、若者世代は高齢世代に比べて、予算配分の面でも、生涯純受益

---

6)　このように、有権者全体のなかで高い割合を占める高齢者への政策が優先される政治を「シルバーデモクラシー」と呼ぶ。

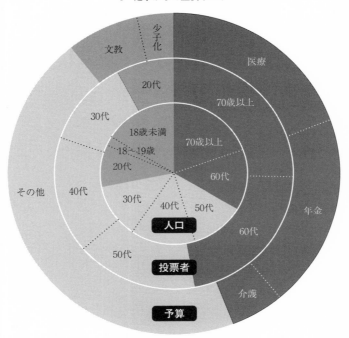

＊予算は16年度予算で政策的経費（一般歳出）に占める割合。
投票者は14年衆院選の年齢別投票率から推計。
人口は14年10月時点。

出所　日本経済新聞政治部（2016）p. 13

図2-4　人口・投票者・予算配分の関係

額の面でも、著しく不利な状況となっていることがわかる。この状況をもたら
している原因の１つが、若者世代の投票率の低さなのである。代表者も若者世
代の負担が大きくなっていることは認識しているものの、選挙での得票という
ことを考えると、高齢者の利益を擁護することを優先させてしまう。若者世代
への予算支出を増やしたり、若者世代の生涯受益額をプラスの方向へと改善さ
せることは、少なからず高齢者への負担を増やすことにつながって高齢者から
の支持を失う可能性があるため、代表者はそのような政治的決定を下すことが
できないのである。

　ここまで見てきたことから明らかなように、民主主義という政治的仕組みを
きちんと機能させ、若者世代が将来的に損をしないような世の中にするために
は、若者が選挙に参加して投票し、自分たちの利益を実現してくれる代表者を
選び出すことが鍵となるのである。

4　選挙だけで十分なのか

　「自分たちのことを、自分たちが選んだ代表者が決める」という間接民主主
義においては、代表者を選出するための選挙が極めて重要な役割をもつことは
間違いない。ただし、それは、民主主義における政治への関わりが選挙だけに
限定されるという意味ではない。
　いま、選挙の場面でしか私たちが政治に関わることはないと仮定してみよう。
つまり、私たちは、選挙のときには政治に関心を寄せるが、選挙が終われば、
政治には全く無関心となり、代表者がどのような活動を行いどのような政治的
決定を行っているのかについても全く知ろうとしないのである。このような場
合、私たちは、代表者が本当に私たちのために活動しているのか否か、正しく
判断することができるのであろうか。また、次の選挙までの間に、私たちの判
断を求められるような新たな政治的問題が生起することはないのであろうか。
さらにいえば、これは本当に仮定の話なのであろうか。私たちの現実もこれに
近い状況にあるのではないか。ルソー（Jean-Jacques Rousseau）の言葉を借りれ
ば、間接民主主義の下では、私たちが自由なのは「議会の構成員を選挙する期
間中だけのことで、選挙が終わってしまえばたちまち奴隷の身となり、なきに
等しい存在」となっているのではないか（Rousseau, 1968; 2005: 339）。
　だからこそ、私たちのことがらについて政治的な決定を行うのが代表者であ
るとしても、まず何よりも、私たち自身が常日頃から政治に関心を寄せ、世の
中で何が問題となっているのか、その問題を解決するためにはどうすれば良い
のか、ということを考えることが必要である。
　しかし、選挙に行かない理由で見たように、多くの人は、政治にあまり関心
がなく、政党や政治家の主張・政策についても詳しくはわからず、そしてその
ような自分は政治に関わらない方がよいと感じている。それは裏を返していえ

ば、政治的なことがらを認識・分析し、問題解決策を考えるスキルを身につける必要性を示しているともいえる。すなわち、現状を正しく認識するために、さまざまな情報を収集し、かつそれらの情報を取捨選択することが必要となる。そして、それらの情報を基礎として、適切な方法を用いて分析することが求められる。加えて、その分析をもとに、自らの意思や主張を論理的に示すことが大事になる。

　これらのスキルは、本書を通じてその一端を身につけることができるであろうし、大学での学修を通じてさらに深く学ぶことができるであろう。大学での学修は、もちろん学術的・専門的な知識を学ぶことが第一義ではあるが、しかし、そのような知識は学術の世界でしか活かされないものではない。大学で学ぶ知識というのは、実は、社会の状況を正しく把握し、かつ自分の意思を主体的かつ論理的に考えるために必須のスキルでもある。大学での学修を通じて、民主主義的な政治社会を構成する一員としての能力が涵養されるのである。

参考文献

荒井祐介（2019）「民主的市民の政治的態度形成と政治教育」,『政経研究』56(3), pp. 57-86.

総務省（2016）「18歳選挙権に関する意識調査」『総務省ホームページ』〈https://www.soumu.go.jp/main_content/000457171.pdf〉2022年11月11日閲覧

内閣府（2005）『平成17年度 年次経済財政報告』『内閣府ホームページ』〈https://www5.cao.go.jp/j-j/wp/wp-je05/05.html〉2022年11月11日閲覧

日本経済新聞政治部（編）（2016）『18歳からの政治入門』. 日本経済新聞出版社.

林大介（2016）『「18歳選挙権」で社会はどう変わるか』. 集英社.

法務省（2022）「民法改正 成年年齢の引下げ——若者がいきいきと活躍する社会へ」『法務省ホームページ』〈https://www.moj.go.jp/content/001300586.pdf〉2022年11月11日閲覧

Ackerman, Bruce and Fishkin, James (2004) *Deliberation Day*. New Haven, CT: Yale University Press.（川岸令和・谷澤正嗣・青山豊訳（2014）『熟議の日：普通の市民が主権者になるために』. 早稲田大学出版部）

Fishkin, James (2009) *When the People Speak: Deliberative Democracy and Public Consultation*. New York: Oxford University Press.（曽根泰教監修（2011）『人々の声が響き合うとき——熟議空間と民主主義』. 早川書房）

Rousseau, Jean-Jacques (1968) *The Social Contract*. Harmondworth: Penguin.（小林善彦・井上幸治訳（2005）『人間不平等起源論 社会契約論』. 中央公論新社）

第 3 章
情報の収集と整理

1　インターネットの普及と情報の収集

　大学の講義ではレポートや論文の執筆、プレゼンテーションのために、自分から情報を収集しなければならない場面が数多く存在する。本章ではこうした課題に取り組む上で必要な、情報収集の方法について取り上げる。

　かつては情報の収集は図書館に頼る部分が大きく、情報収集のためには図書館の活用方法を学ぶことが重要であった。資料が所蔵されている場所に行かねばならない移動の負担があり、収集できる情報には一定の限界が存在した。

　ところが、現在はインターネットを通じて、世界中の国々の論文、政府資料を簡単に入手できるようになったことに加え、AI による機械翻訳の精度の向上により言語習得の障壁さえも低下し、収集可能な情報の範囲は飛躍的に拡大している。膨大な量の情報の中から、自分の問題関心に沿った情報を的確に効率よく見つけ出すことが、これまでよりも重要となっている。

　しかし、インターネットの普及により数多くの情報が容易に入手できるようになった一方で、信頼性の低い情報も氾濫している。Google などの検索エンジンで、検索結果の上位に表示されるウェブサイトの情報が必ずしも信頼性が高いかと言えばそうではないことも多い。検索エンジン最適化（Search Engine Optimization: SEO）の対策を施されたウェブサイトが上位に表示されることも多く、真偽の定かではない情報を元にレポートや論文を作成することは避けなければならない。膨大な情報の信頼性を適切に評価する能力が求められる。

　本章では、情報の信頼性を効率的かつ適切に評価する方法と、論文の検索や

図書館の利用の方法について学修する。

2　初期段階の情報収集──調査テーマの検討

2-1　テーマの設定

　レポートやゼミナール論文を執筆する上で、最初に行うことは、自分の関心のあるテーマを Google などの検索エンジンで検索することだろう。大学の教員であっても、自分の専門外のテーマを調査する場合は、簡易な検索から入る場合もある。

　レポートや論文のテーマを考える場合、最初に思いつくのは「環境問題」「貧困問題」「少子化」といった調査対象を指す分かりやすい単語であろう。しかし、調査の初期段階で思い浮かぶこのようなテーマは、往々にして対象の範囲が広すぎることがほとんどである。たとえば貧困問題にしても、発展途上国における絶対的貧困の問題と、日本国内における相対的貧困の問題では、調査対象に大きな違いがある。仮に日本国内の貧困を問題にする場合でも、そのすべてを取り上げると内容は薄くなり、論文としてはもちろん、レポートとしても対象の範囲が広すぎて内容が薄くなる。まずはテーマを絞り込むことを念頭に、初期段階の調査に取り組む必要がある。

　ここでは例として、ブラック企業におけるサービス残業や過労死などの労働問題や、企業の働き方改革について関心がある場合を考えてみたい。労働問題や働き方改革といっても、それは単に調査対象を指す言葉である。学問分野や自分の興味関心に応じて、問題意識を具体化し調査対象を絞り込む必要がある。

　たとえば、解雇やサービス残業の問題を取り巻く法律の側面に関心がある人は、労働基準法や過去の判例などの調査を行うだろう。あるいは、ブラック企業を生み出す企業経営の側面に関心があるならば、日本企業の雇用慣行、人的資源管理の仕組みについて調査するのがよいだろう。また、働き方改革がなぜ自民党政権で実施されたのかという政治過程の分析や、改革の政策評価を行うというアプローチもあり得る。同じ問題を対象にする場合でもテーマの定め方はさまざまであり、自分の関心に応じてテーマを絞る必要がある。

　テーマを絞り込む際に念頭に置くべきこととして、レポートや論文の期限の問題がある。レポートであれば数週間程度、ゼミナール論文の場合でも最大2年間の時間的制約が存在する。大きな問題意識を念頭に調査を行うことは重要であるが、現実には一定の期限内にレポートや論文を仕上げなければならない。そのため、調査のテーマを具体化し絞り込む際には、一定の期限内に調査と分析が完了する範囲で検討すべきである。

2-2　初期段階の調査

　調査の初期段階では、Wikipedia や、個人の運営するブログ・ウェブサイトのまとめ記事に行き当たることも多いのではないだろうか。最初の入り口としてはこれらの情報源も多少は参考になるのだが、記述の論拠、データの出典等が不明確な資料も多く、大学生レベルのレポート、論文の執筆に際して参考にする資料としては信頼性に欠けている。

　初期段階の調査で重要なことは、専門性の高い情報を探るためのキーワードを見つけ出すことである。信頼性の低い情報源や、一般的なニュース、報道記事などを見ていくうちに、重要な法律、国際条約、判例などの名称や、何らかの政策・施策の名称、特有の専門用語などが見つかるだろう。それらを検索のキーワードにして、関連する学術論文、専門書、政府資料など、出典元が明確で一定の信頼性が担保された情報を収集する。Wikipedia や個人のウェブサイトの情報は、最終的なレポート、論文の出典元としては使えない場合がほとんどであり、あくまでも調査の初期段階において参考情報とする程度に留めるべきである。

　調査テーマがある程度定まった後は、調査する資料の範囲を絞り、自分のテーマに沿って情報収集を進めることとなる。まずは、自分の調査テーマに関連する専門書を1冊見つけた上で、図書館に行きその本がある棚の周辺をくまなく探すのがよい。図書館の本は、後述するように学問分野別に並んでいるため、関連する専門書が同じ棚の付近に複数存在することがほとんどである。インターネットの検索では、検索キーワードから外れた本を拾い上げることができないため、それを補う意味でも図書館での情報収集は重要である。

　詳細な方法は次節で解説するが、調査テーマを絞り込む上で、CiNii や Google Scholar で学術論文を検索するのもよいだろう。学問分野にもよるが、本に収録されている内容は、すでに学術論文として発表されたものであることもあり、学術論文の方が最新の研究を知ることができる分野も多い。

3　資料の信頼性を評価する

　調査が進んでくれば、資料の信頼性をある程度判断できるようになるが、調査の初期段階では知識が不足しており、資料の中身を見ても的確な内容なのかどうかがわからないことが多い。

　資料の全体に目を通した上で、数値データや情報の出典元の真偽を、逐一検証しながら読むことができれば最善であることは言うまでもない。しかし、現実には時間の制約があり、研究者でさえも入念に情報を精査するのは、非常に重要な先行研究などに限られるであろう。とくに、調査の序盤は数多くの資料に幅広くあたるため、一つ一つの資料に丁寧に目を通すよりも、効率よく多くの資料に目を通したいところである。そこで重要になるのが、資料の良し悪しを素早く評価する技能である。本項では、研究者がどのような方法で資料の信頼性を評価しているのかを紹介するので、是非活用してほしい。

3-1　著者の情報から専門性を評価する

　まず確認するのは著者のプロフィールである。学位、職歴などを見れば、どのような専門性がある人物が書いた資料なのか、専門性の有無、信頼性の高低を判断することができる。

　確認するポイントは、大学の学位や職歴である。研究者の場合は、大学院の博士課程の在籍歴（単位取得退学等）や博士号があると望ましい。一定水準の研究スキルを習得した人物であることが推測できるからである。ただし、博士号を持っているからといって専門性のある人物だと評価するのは早計である。重要なのは、その著者の博士論文や直近の研究論文の専門分野と、自分が読もうとしている資料の専門分野が合致しているかどうかである。専門書や論文の

場合には、両者が一致していることがほとんどであるが、インターネット上の評論記事や、新書などの場合には、著者が専門性を有していないテーマについて論じていることも多い。そうした資料を読む際にはとくに注意が必要である。論文や本の検索方法については次節以降で解説しているので、著者の専門性が気にかかった場合には、過去の研究実績を確認することを推奨したい。

　また、専門性を有するのは大学院で学んだ研究者だけとは限らない。その分野で豊富な経験を積んだ実務家も信頼性の高い専門家である。大学の学問とは異なる、実務の現場を知る専門家の知見は重要である。近年は大学でも実務経験のある教員が求められており、実務経験が豊富な研究者も増えてきている。実務家が書いた資料の場合は、資料の内容が著者の主な専門分野、職業経験と合致しているかどうかを確認することで、専門性をある程度推定できる。

3-2　参考文献から信頼性を評価する

　その資料が論拠として引用している参考文献を見ることで、大まかではあるが外観上の信頼性を評価することができる。

　学術論文や研究調査は、自分のオリジナルの研究成果と他人の成果を区別する目的や、内容の真偽を事後検証できるようにする目的で、数値データや、主張・見解の論拠となる出典元が必ず明記されているものである。数値データの出典元が記載されていなかったり、出典元の記載がないまま「誰それが○○と主張している」などと書かれていたり、論拠不明の言説が多い資料は、事後検証を行って真偽を確認することが難しく、その意味で信頼性が低い資料であると言える。

　また、出典元が明記されていたとしても、それだけで資料の信頼性が高いわけではない。Wikipedia[1]のようなウェブサイトからの引用や、評論家が書いた新書・ウェブ上の記事など、信頼性が低い資料からの引用が多い資料には注

---

1)　Wikipedia の記事については、明らかに専門家が記述しており専門性が高い項目もあれば、コンサルタントや業者が自説の宣伝目的で誤った／偏った記述を行っている項目も散見される。調査の初期段階で参考にするのは構わないが、レポート等の出典元に使うのは避け、Wikipedia に書かれている内容の脚注に記載されている出典元の資料にあたるべきである。

意が必要である。

3-3 査読の有無で信頼性を評価する

　学術論文が掲載されている雑誌にはさまざまなものがある。オーソドックスなものは、大学が刊行している論文雑誌と、学会等の組織が刊行している論文雑誌である。大学が刊行しているものは「紀要」と呼ばれることも多い。論文雑誌であれば、一定水準以上の学術論文が掲載されていることが多く、どの論文もそれなりには信頼できると考えてよい。しかし、大学の紀要などには、投稿すればどのような内容でも掲載される雑誌もあり、時として学術論文とは言い難いものが掲載されていることもある。そこで参考になるのが査読の有無である。

　論文雑誌の中には、投稿に際して査読と呼ばれる審査プロセスが存在するものもある。査読とは、投稿された論文に対して、匿名のレフェリーが審査を行い、掲載の可否を判定する仕組みである。論文の著者・レフェリーは、相互に匿名であることが査読の原則である。誰が執筆したか／審査したかが伏せられているため、純粋に論文の中身の良し悪しだけで掲載可否の判定が行われる。学問分野によって査読論文の重要性・価値は異なっているものの、「査読論文」として掲載されている論文は、厳しい審査を経て掲載が決まった論文であり、一定の信頼性が担保されていると考えてよい。

　査読の有無は、論文雑誌の表紙や目次を見ると判別することができる。査読論文と記載されている論文は、査読を経て掲載された論文である。ただし、雑誌によっては、査読の有無を表紙や目次に記載していないこともあるため、詳しくはその雑誌の投稿規定を確認するほかない。

3-4　外観からの評価の限界

　ここまで資料の内容を読む前に、外観から素早く資料の信頼性を評価する方法を紹介してきたが、資料の内容を読んだ上で、中身の検証を行うのが最善であることは言うまでもない。これらはあくまでも効率性の観点から簡易に資料

の振り分けを行う手法である。

　大学院で博士号をとった研究者が書いた資料であっても、著者が講義や学生募集などの学務に追われ、調査が不十分で信頼性の低い論文を書いている可能性もある。かつてはその分野で博士論文を書いた研究者や、実務経験がある専門家であっても、当該分野から離れて時間が経過すると、最新の動向をフォローできていない可能性がある。また、大学の中には商業上の理由で、簡単に博士号を与えている大学もあり、博士号を取得しているからといって、研究能力が高いとは限らないこともある。著者のプロフィールからの推測には限界があることを忘れてはならない。

　資料の体裁についても同様である。外観上は専門書のように見える資料でも、素人が出版しているケースもある。極論を言ってしまえば、出版費用を自分ですべて負担すれば、本は誰でも出版することができる。論文についても同様で、その元になったデータが研究不正により捏造されていたり、他の論文・専門書からの盗用・剽窃が発覚したりすることもある。

　本節で紹介した手法は、あくまでも調査の初期段階で目を通すべき資料を効率的かつ簡易に振り分けるための方法に過ぎない。資料の中身を確認し内容の是非を判断することが本筋であることは肝に銘じておく必要がある。

4　学術論文の探し方

　本節からは、具体的な資料の探索方法について説明する。初めに紹介するのは学術論文の探し方である。

　学術論文を探すには、CiNii Research、Google Scholar、大学が契約している電子ジャーナルなど、インターネット上で利用できる検索サービスが複数ある。また、図書館に直接行って論文誌に目を通すという選択肢もあるが、大学の図書館の場合は、地下書庫に置かれている論文誌も多い。目当てとなる論文誌が分からないうちは、あらかじめ CiNii Research などの検索サービスで論文を探した上で、図書館に行く方が良い。

　本節では CiNii Research を例に、論文検索の方法について解説する[2]。図3-1 は CiNii Research の検索ウインドウである。一番上の「フリーワード」と

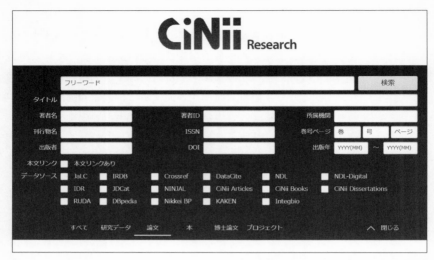

出所　CiNii Research（2022 年 10 月 15 日閲覧）

図 3-1　CiNii Research の検索ウインドウ

薄く表示されている部分に、検索したい専門用語、著者名等を入力して検索すると、該当するさまざまな情報が表示される。CiNii Research は論文だけでなく、本、博士論文などの検索にも対応しているため、そのまま検索を行うとすべてのデータが出力される。論文を検索する場合は、図 3-1 のように検索画面の項目の一番下にある、「論文」をクリックした上で検索することを推奨する。

　知っておくと便利な機能として「本文リンクあり」の検索条件を紹介したい。検索画面の中段あたりにある「本文リンクあり」のチェックを入れた状態で検索を行うと、インターネット上で本文を閲覧できる論文だけが検索結果として表示される。インターネット上で読めない論文の中に、重要な先行研究が存在することも数多いため、本格的な調査の際には図書館を併用した調査が必須であることは言うまでもない。ただし、とりあえず論文を見てみたいというような調査の初期段階においては、手軽にその分野の論文を閲覧することができるため重宝する機能である。インターネット上で閲覧できない論文については、

---

2)　英語の論文を探す場合は、Google Scholar や EBSCOhost などを通じた電子ジャーナルが有用である。

図書館に行って論文雑誌から複写する必要がある。当該論文が掲載されている雑誌の探し方は、本の検索方法と同様であり、詳細は次節で解説する。

5　図書館での本の探し方

　人文系・社会科学系の学問領域では、本・論文ともに、インターネット上で読むことができる範囲がまだまだ限られている。そのため、ほとんどの場合は本・論文を探しに図書館に行くことになる。前節で紹介した CiNii には、全国の大学図書館等の蔵書を横断的に検索する CiNii Books というサービスも存在するが、まずは訪問しやすい日本大学図書館の法学部分館（以下、法学部図書館）の蔵書を検索するのが良いだろう。その上で、法学部図書館に所蔵されていなければ、他大学や国立国会図書館の利用を検討することになる。

　法学部図書館の蔵書は、OPAC と呼ばれるオンラインの蔵書検索システムを通じて検索することができる。図書館ウェブサイトのトップページ左下にある「蔵書検索」をクリックすると詳細な検索ウインドウが表示される。また、簡易検索については、トップページにあるウインドウから直接利用可能である。

　図3-2は政治学の著名な教科書を OPAC で検索した結果である。とくに重要なのは、図3-2の中段あたりに記載されている「配架場所」と「請求記号」の情報である。「配架場所」は図書館内のおおまかな図書の置き場を示しており、この場合は「法図 4F 東開架」とあるので、法学部図書館の4階東側に、利用者が手に取れる形（開架[3]）で本棚に置かれていることを示している。

　「請求記号」は、本棚の中でその図書が並べられている場所・順序を示したものである。この場合は「311」「Ku37」と表示されているが、「311」というのはその図書の分類を示す分類番号である。上2桁の「31」は政治を示す分類であり、3桁目は政治の中のさらに細かい分類を表している。たとえば、311 は政治学、317 は行政、318 は地方自治といった形で、分類番号順に同じ学問分野の図書がまとめて並べられている。

　本棚の図書は、分類番号ごとに著者名の頭文字のアルファベット順に並んで

---

3)　逆に「閉架」と表記されている場合は、図書館の利用者は直接手に取ることができないことを意味している。

```
<図書>
セイジガク
政治学 / 久米郁男 [ほか] 著
( New liberal arts selection )
```

データ種別	図書
出版者	東京 : 有斐閣
出版年	2003.12
本文言語	日本語
大きさ	xiv, 534p ; 22cm

所蔵情報を非表示

巻冊次	配架場所	請求記号	資料番号	状　態	コメント	ISBN	刷　年	利用注記	予約	文庫区分
	法四4F東閉架	311|Ku 37	B0000104761U			4641053685				

書誌詳細を非表示

別書名	標題紙タイトル:Political science : scope and theory
一般注記	その他の著者: 川出良枝, 古城佳子, 田中愛治, 真渕勝 文献案内: 各章末 引用文献: p503-518
著者標目	久米, 郁男(1957-) <クメ, イクオ> 川出, 良枝(1959-) <カワデ, ヨシエ> 古城, 佳子(1956-) <コジョウ, ヨシコ> 田中, 愛治(1951-) <タナカ, アイジ> 真渕, 勝(1955-) <マブチ, マサル>
分　類	NDC8:311 NDC9:311

出所　日本大学図書館法学部分館 OPAC（2022 年 10 月 15 日閲覧）

図 3-2　OPAC による本の検索結果

おり、分類番号・アルファベットとも同じ図書が複数ある場合は、アルファベットに続いて割り振られた番号順に並べられている。図 3-2 の例では、「311」かつ「Ku」で始まる図書が他にも複数あるため「37」という番号が付されている。

　OPAC では前節で取り上げた、学術論文が収録されている論文雑誌も検索することができる。図 3-3 は日本大学法学部の刊行している論文雑誌「日本法學」を、OPAC で検索して表示したものである。もっとも重要なのは、図書の場合と同様で所蔵情報の部分である。各号の配架場所が記載されており、最新号は図書館 1 階のブラウジングコーナーに、それ以前のものは地下 1 階の閉架 B1 エリアに所蔵されていることが分かる。また、第 77 巻以降はホームページ上でも閲覧できることも示されている。閉架と表示されている資料については、自分で棚から取り出して手に取ることができないため、1 階受付カウンターで申し込みを行った上で、職員の方に書庫から取り出してもらう必要がある[4]。論文雑誌の多くは地下の書庫にあるため、図書館で論文を探す場合には、事前

所蔵巻号	年次	請求記号	配架場所	コメント
当年度・前年度の2年分を所蔵	最新号+	Z	法図1Fブラウジングコーナー	第77巻より日本大学法学部HP上でPDFを公開
1-87.88(1)+	1935-2022	P320||N 1	法図B1F閉架B1	第77巻より日本大学法学部HP上でPDFを公開

出所　日本大学図書館法学部分館 OPAC（2022 年 10 月 15 日閲覧）

図 3-3　OPAC による雑誌の検索結果

に CiNii Research 等で、目的の論文が掲載されている雑誌名、刊行年、巻、号、ページ数を記録しておくとよい。

　目的の図書・雑誌が法学部図書館にない場合は、他の図書館の蔵書を探すことになる。まずはじめに検討したいのは、日本大学の他学部の図書館の利用である。日本大学の学生であれば、どの学部の図書館でも利用することができるため、他学部の図書館に目的の資料がある場合は、現地に行って学生証を提示すれば入館することができる。図書の場合は、法学部図書館 1 階の受付カウンターで申し込みを行えば、他学部図書館の蔵書を借りることもできる。また、雑誌に掲載された論文のように、必要なページが特定できる場合は、送料・文献複写料金は自己負担となるが、他学部図書館に文献の複写を依頼することもできる。こちらも受付カウンターでの手続きが必要となる。

　他大学の図書館の場合も、法学部図書館で紹介状を発行してもらえば、図書館に入館し閲覧することができる。なお、他大学の文献の複写についても、日本大学の他学部図書館の場合と同じく、受付カウンターでの手続きを行えば依頼することができる。目的の資料がどの大学の図書館に所蔵されているかを調べるには、CiNii Books で検索するのがよい。前節で紹介した CiNii Research

---

4)　閉架の利用手続きの詳細は図書館ホームページの Q&A に記載があるため、そちらを参照すること。

と類似の検索エンジンなので詳細な説明は省略するが、図書・雑誌名で検索を行うと、全国の大学図書館の所蔵状況を一括して調べることができる。

　もっとも確実な手段は、国会図書館の利用である。国会図書館についてはインターネット上に詳細な利用方法が掲載されているため解説は省略するが、日本語の文献であれば、ほとんどの専門書・雑誌は所蔵されている。

第4章
研究資料の読み方

1　資料と向き合う上での大前提

「巨人の肩の上に立つ」

　学術研究の世界には、このような言葉がある。これは、学術研究というものが、先行研究のうえに成り立っていることを物語った言葉である。

　学術研究は、先行の研究成果を丹念に読み解き、それについて考察し、そのうえで自分自身の考えを構築していくという堅実な営みである。独自に収集したデータを材料にして研究を進めることもあるが、そのような場合でも何らかの先行研究を踏まえるのが一般的である。研究という言葉を聞くと、一瞬のひらめきが重要ではないかと考える人もいるかもしれない。しかし、そのひらめきも、多くの先行研究に触れていなければ期待することはできない。残念ながら、ゼロからは何も生まれない。

　大学生活の最終的な成果は、卒業論文という形で結実する。卒業論文も、もちろん先行研究を踏まえてまとめることになる。大学生は、これから、多くの先達によるさまざまな研究成果の森のなかに分け入るという知的な探究の旅に出ることになる。そこで必要になるのが、研究資料の取り扱いに関する技法（art）である。では、まず研究資料の収集について学んでいこう。

2　資料の収集

　研究資料の収集の第一歩は、その分野における代表的な著作を見つけること

である。

　今日、書籍は容易に探すことができる。もっとも簡単な方法は、Amazon や紀伊國屋ウェブストアといったオンライン書店のサイトで検索することである。憲法に関する書籍であれば「憲法」という語で、政治思想史の書籍であれば「政治思想史」という語で検索すれば、その分野における「その時点の」代表的な著作が示される。また、オンライン書店のサイトではレビューのシステムが採用されているものもあり、レビュー数が多く、そしてその評価が高い本であれば一定の数の読者から評価された書籍だと判断することは可能である。しかし、この方法は注意が必要である。その時点で売れているからといって、その本が学術的な評価に値するものであるとはかぎらない。また、社会科学に関する書籍は、内容的にいちじるしくバランスを欠いているものもしばしば見られる。著者や読者の政治的な立場によって、評価が左右されることは珍しくない。

　上記の方法と比較すると信頼度が高いのは、関係する分野の教科書を参照する方法である。多くの教科書では、巻末や章末の文献一覧において、その分野に関する代表的な書籍や論文が紹介されている。それは、その分野の専門家である教科書の著者が初学者に適していると考える書籍であり、その分野を学ぶのであれば最低限理解する必要があると考える書籍である。つまり、教科書で紹介されている書籍は、専門家によるチェックをクリアした本だということができる。もしあなたに取り組むべき分野に関する基本的知識が不足し判断に困る場合は、教科書を利用した研究資料収集を考えるのが安全である。

　教科書と取り組む分野に関する代表的な書籍を入手したら、次に行うことはそれらを利用して、その分野に関する基本的な知識を習得することである。基礎知識の重要性はいうまでもない。大学での学修・研究は発展的なものだからこそ、それを支える基礎知識は大切なものとなる。だが、基礎知識の重要性はそれだけではない。大学での学修・研究では、自分の関心にしたがって自ら研究計画を立てて、その計画を進めていかなければならない。基礎知識は、自分なりの研究計画を適切に進めていくためにも不可欠である。この段階では、取り組むべき分野の専門家になる必要はないが、基本的な概念や理論などに関する最低限の知識は把握しておかなければいけない。それらの知識に基づいて、

今後の研究計画を組み立て、さらなる研究資料の収集を進めていく。

　ある程度の基本知識が身についた後に取り組むことは、研究課題の整理と収斂である。たとえば、フランスの思想家である「ルソー」に関心を持っていたとしよう。しかし、この状態のままで研究を進めることは不可能だといってよい。なぜなら、テーマがあまりにも広範だからである。研究テーマは、知識を身につけることをとおして、狭いが深いものにしていかなければならない。はじめに「ルソー」に関心を持っていたとしたら、次は「ルソーの一般意志」へ、さらに知識を深めていくことによって「ルソーの一般意志論が後の政治に与えた影響について」というように具体的な問いへと変化させていく必要がある。

　知識の深まりと研究課題の収斂にともなって、研究資料の収集の方法も変化していく。問題関心が「ルソー」という漠然とした状態にとどまっていた時は、ルソーに関するあらゆる資料を収集しなければならなかった。だが、対象がルソーの一般意志に関する研究というように政治思想分野に限定されたことによって、まずは他の領域のルソー研究を除いて、政治学・政治思想領域のルソー研究に集中することが可能になる。

　このプロセスを経たうえで、取り組むべき分野に関する知識を深めていくために、さらに研究資料を収集していく。その方法は複数存在する。

①基本書を探した時と同様に、教科書などの文献一覧を参照する。
　　専門家の評価を経たものであるため、それなりに信頼度の高い文献が紹介されている可能性が高い。
②CiNii Research（サイニー・リサーチ）を利用する。
　　CiNii は、日本の公的機関が整備した、研究情報を総合的に検索することができるサービスである。このサイトで検索を行うと、関連する書籍や論文だけでなく、研究プロジェクトなども提示してくれる。
　　CiNii にはさまざまな機能があり、このうち CiNii Books では全国の大学図書館に所蔵されている書籍を検索することができる。
　　また、近年、学術論文の電子公開が進んでおり、CiNii の検索結果画面から直接に論文を確認することができるものもある。

③ Google Scholar を利用する。

　CiNii が日本国内の研究情報を検索する場合に使用するのに対して、Google Scholar は全世界の研究情報を検索することができる。このサービスで示される検索結果は、良くも悪くも非常に網羅的である。膨大な量の検索結果が示されるため、研究資料として適切なものなのか精査する必要がある。
④ J-STAGE を利用する。

　J-STAGE は、学会誌に掲載されている学術論文や学会広報誌の情報などを検索することができる。このサービスで検索することができる情報は電子公開されているものであるため、すぐに内容を確認することが可能である。

　このように、現代における研究資料の収集には、インターネットの利用が重要な役割を果たしている。かつては①のような、本から本へと芋づる式に研究資料を探す方法が一般的であったが、現代の研究活動でインターネットをまったく使用しないのは非効率である。それだけでなく、近年は最新の研究成果を踏まえた研究でないと、せっかくまとめた研究成果であってもその価値を認められないこともある。そのため、実際に研究資料として採用するかどうかは別にして、インターネットを活用し、可能なかぎり最新の研究動向を把握しておく必要がある。

　なお、この段階で有効なのが、取り組むべき研究課題に関するキーワードを見つけることである。インターネットの検索では、検索に使用する語によってその結果が大きく異なってくる。たとえば、「ルソー」とともに「ロマン主義」という語で検索をかければ、ルソーとロマン主義文学との関連についての資料が提示されることになるだろう。だが、「ルソー」と「一般意志」で検索すれば、提示されるのは政治学や政治思想に関するものになる。研究資料を読み進めていくと基本的な概念が身についてくる。また、それらのなかでも重要なものも自然とわかってくる。これらをキーワードとして検索の際に利用することによって、資料の追加収集はより簡単になる。

　研究資料は研究が進んでいくにしたがって増加していく。ただ、ある程度の研究資料が集まったら、次は自分の研究に関係しない資料を除いていく作業が

必要となる。つまり、研究資料を探していく過程は取捨選択のプロセスである。基本書やインターネットをもとに資料を収集しても、集めた資料が本当に自分の研究に役立つかどうかは、実際にそれらを読んではじめてわかる。研究資料に目をとおして、それが自分の取り組んでいる課題と直接に関係していなければ、それは除外して新たな資料を探していく。研究課題の整理と収斂が必要なことはすでに述べたが、それと同様に研究資料も整理していく必要がある。

　これらのプロセスを繰り返して、自分の研究に本当に必要な資料が整えられていく。それと同時に研究課題も整理されていき、自分が取り組むべき課題が明らかになっていく。

　では、研究資料はどのように読み解いていけばよいのだろうか。

3　研究資料を読む際の基本姿勢

　学術書や論文といった研究資料を読む際の基本的な姿勢は2点ある。第1に「誠実であること」、第2に「批判的であること」である。

　研究資料を読む際にまず必要なことは、その文献の内容を可能な限り正確に把握することであり、そこで展開されている主張を理解するように努めることである。私たちは、他人の文章を読む際に先入観を持っていることが多い。とくに、自分と異なる考えが述べられている文章を読む場合、自然と否定的な気持ちでその文章に臨むことになり、その結果、誤読や自分勝手な解釈に陥る危険がある。仮に自分と異なる考えに基づいた研究資料であったとしても、まずはその主張を正確に理解するように最大限努めよう。

　また、古典を読む際は、くわえて注意する点がある。古典は現代の論文と比較して、体系性に欠けるところがあり、一読すると主張が一貫していないことがある。そのため、切り取り方によってまったく反対の解釈が成り立つこともある。そのため、自分の考えに沿って文章を切り取り、勝手な解釈を施してしまうことがないように注意を払う必要がある

　ついで重要なことは、批判的な目を持つことである。まずは正確にその書籍や論文が主張していることを把握したうえで、その内容を吟味する必要がある。最初に、研究資料の事実面での正確性を判断する。具体的には、資料内の記載

内容や数値といった情報が適切なものなのか、事実に合致しているのかを評価
する。つづいて、その研究資料が記載されている事実に対して下している評価
が適切なものであるのか判断する。1つの事実に対するものであったとしても、
それに対する評価は読む人の数だけ存在する。そのため私たちは、それらの評
価を冷静に見きわめなければならない。しかし、ここで問われているのは、そ
れを書いた人間の評価だけではない。私たちは、それを考察することによって、
自分自身の評価の適切さも問われているのである。いかなる研究資料も、それ
に関わる人間の主観や思想、価値観から自由ではない。1つの事実に対する評
価も、それぞれの主観によって変化する。その書籍や論文の著者がどのような
意図をもってそのような結論（評価）にいたったのか、そして自分もなぜその
ような結論（評価）にいたったのか、考える必要がある。

4　研究資料の読み方

　意外に思われるかもしれないが、学術書や論文といった研究資料を読むこと
はそれほど難しくない。もちろん、それらを読むには一定の知識が必要である。
だが、専門分野に関するそれなりの知識を身につけ、「コツ」を習得すれば、
考えているよりも容易な作業である。なぜなら、学術論文の多くは一定の形式
にのっとって書かれているからである。学術書は、特定の「構造」を持ってい
る。この「構造」をつかむことが、学術書や論文を理解する際のカギになる。
　学術書や論文といった研究資料は、ほとんどの場合、序論・本論・結論とい
う「構造」でまとめられている。序論はその研究資料で取り扱う問い（research
question）を明示する。本論は序論で示した問いを論証していく個所であり、
学術書や論文の主要部分を占める。結論は本論での論証を経て、序論で最初に
提示した問いに対する答えを示す部分である。そのため、学術書や論文などの
研究資料の多くは、序論・本論・結論という「構造」にしたがって読み進めて
いけば、自然と内容を理解できるようにまとめられている。
　さらに論文の場合、冒頭に「アブストラクト」すなわち概要が記されている
こともある。これは、論文の著者自身が論文の概要をまとめたものである。そ
のため、その論文が取り組もうとしている問題を容易に把握することができる。

　さらに、学術書や論文の「構造」を考えるうえで重要になるのがパラグラフの存在である。パラグラフはなんとなく文章を区切ったものではない。パラグラフは1つの考えのまとまりであることを理解しよう。

　パラグラフは、トピック・センテンスとサブ・センテンスで構成されている。トピック・センテンスはその個所において著者がもっとも主張したいことであり、パラグラフの先頭に置かれる。サブ・センテンスはトピック・センテンス以外のパラグラフ内の文で、①トピック・センテンスの内容についてのより詳しい説明や具体例、②トピック・センテンスの内容についての簡単な根拠づけ、③トピック・センテンスを別の言い方で言い換えたもの、④前後のパラグラフとのつながりを付ける文のいずれかである（戸田山，2022）。つまり、パラグラフとは、トピック・センテンスの主張とそれを支えるサブ・センテンスによって構成された、思想や主張の表現のまとまりのことである。

　学術書や論文の文章は、これらのパラグラフが「構造」にしたがってまとめられたものである。そして、パラグラフ配置に関する「構造」は、アウトラインと呼ばれる。

　アウトラインは、それぞれのパラグラフを「論理的」かつ「建築学的」に配置した枠組みのことである（澤田，1977）。つまり、研究資料全体を人体にたとえると、骨格に該当するのがアウトラインである。骨格だけを描いたとしてもそれが人間に見えるように、アウトラインを追っていくだけでも、その研究資料の全体像を大まかには把握することができる。では、研究資料のアウトラインを知るには何を見ればよいのだろうか。学術書の骨格は目次をみればわかる。つまり目次は、各章や各節のもっとも重要な主張がタイトルという形で表現されている、その本のアウトラインである。

　ここまでの内容をまとめてみよう。学術書や論文といった研究資料を構成する最小単位はパラグラフである。パラグラフはその著者の主張や思想をまとめた最小のかたまりである。パラグラフはその文献の骨組みであるアウトラインに沿って配置され、章や節を構成する。さらにアウトラインは、序論・本論・結論という全体的な「構造」にしたがって形成されている。学術書や論文は「構造」にもとづいて構成されている。そのことを念頭におくことが研究資料を読み解く際の第一歩である。

　実際に読み進めていく場合、まず把握しなければならないことは、序論で示されている問い（research question）である。学術書や論文は、はじめに示された問いを解き明かしていくプロセスを描いたものである。そのため、最初の問いを正確に把握しなければ、研究資料の内容を理解することは不可能である。

　序論での問いを理解した後は、本論で展開されている論証を丹念に読み解いていく。その際に有効なのは、事前に各章や各節のタイトルを確認することである。タイトルはその章や節の内容を一言で表現したものである。文学作品とは異なり、学術書や論文の章や節のタイトルのほとんどはストレートなものである。まずはきちんとタイトルを確認して読み進めるだけで、その章や節の理解度は格段に高まる。

　本論での論証を読む際は、すでに紹介したように、パラグラフやアウトラインといった「構造」を意識しよう。学術書や論文といった研究資料は、その著者が自身の研究成果を世に問うために書かれている。つまり、学術書や論文は他人に読んでもらうために書かれている。他人の理解を促すものが、この「構造」である。「構造」を意識しながら読み進めていけば、研究資料の内容は自然と理解することができるだろう。アウトラインから全体的な構造を把握して、そのうえでパラグラフの内容を読み進める。パラグラフでは、まずは冒頭のトピック・センテンスに注目しよう。トピック・センテンスは、そのパラグラフがもっとも主張したい内容である。このような研究資料の「構造」を意識することが、より深い理解のための第一歩である。

　最後に読むのが結論である。結論は序論で示された問いに対する答えである。ここまでの内容はこの結論を導き出すために存在している。研究資料を読んでいると、最初の問いを忘れてしまうことがある。そのため、結論までたどり着いたら、あらためて序論で示された問いを確認しよう。

　あとは、実際に研究資料を手にとって読み進めていくことである。学術書や論文は、読む人が理解しやすいように構成されている。苦手意識を持つことなく、自分の必要や知的関心にしたがって、研究資料と積極的に向き合っていこう。

5　読書記録をとる

　研究資料の読解は、娯楽で小説などを読むこととは性格を異にしている。楽しみで読書をする場合は、その本の内容を正確に把握していなくても大きな問題にはならない。これに対して、研究資料の読解は最終的に卒業論文を完成させるための重要なステップである。そのため、研究資料は正確に理解されていなければならないし、同時にそれらを読みながら自分なりの考えもまとめていかなければならない。つまり、研究資料を読み解くという作業は主体的な行為なのである。

　まず、みなさんが取り組むべき分野について詳しくなく、その分野の入門書を読む場合を考えてみよう。そこであなたが努力しなければならないのは、その分野に関する基本的な知識と理論を習得することである。この時に役立つのは、あなたが高校時代まで身につけてきた学習法である。教科書などの基本書を読み、そこから重要な概念を見つけ出し、それを整理して理解する。必要に応じてそれらの内容をノートにまとめる。この方法は基本的な知識を身につける際には有効である。ただ、大学で求められる読解、すなわち最終的に卒業論文としてアウトプットすることを前提とした読解では、この読書法だけでは不足がある。

　大学生に求められる読書には、第一にそこで得られる知識や情報の整理が必要となる。大学で求められるレポートや卒業論文では参考文献が求められることが大半である。それに備えて、読書をしている段階からその書籍に関する情報を整理しておく必要がある。第二に、大学生の読書では、知識のインプットだけでなく、書籍の内容に対する自分の見解といったアウトプットをまとめることも必要となる。みなさんがその研究資料をどのように理解し、どのような考えを抱いたのか明らかにする必要がある。そのため、大学生の読書には、読書を記録する作業が必要となる。

　読書を記録する方法は、その書籍に関する情報（書誌情報）を記録する方法と、その書籍に書かれている内容やそれに対する自分の考えを記録する方法がある。アナログ・ツールしか存在しなかった時代、前者は書誌カードによって、

後者は読書ノートによって管理されていた。しかし、デジタル・ツールの利用が一般的になり、これらの情報を総合的に管理することが可能になった。現代では、EvernoteやiOSの「メモ」アプリなどを利用して、これらの記録をまとめて管理することができる。これらのデジタル・ツールを使用する最大のメリットは、検索機能が存在することである。取り扱う研究資料が増えていくと管理することが難しくなる。検索機能があれば、資料の整理整頓を行わなくても簡単に情報をピックアップすることができる。

　記録すべき情報の第一である書誌情報は、その学術書の著者・タイトル・出版社・出版年、雑誌論文であればその著者・タイトル・掲載誌・発行機関・発行年・掲載ページである。これらの情報は卒業論文やレポートを書く場合に必ず記載すべき情報であるため、研究資料に関する記録をとる場合は必ず書誌情報を記入する。

　続いて記入するのは、その書籍に書かれている内容やそれに対する自分の考えである。一般的には、研究資料に記載されている内容の概要を記入したうえで、それに対する自分の考えを記入する。その内容は、ちょっとしたことでかまわない。ここで、情報の取捨選択をする必要はない。自分の心や理性がわずかでも揺れ動いたのであれば、それをできるだけ記入しておいた方がいい。あなたの心と理性に生じた動揺はあなただけのものであり、卒業論文のオリジナリティを高めようと考えるのであれば、これらの記録は最良の材料となる。

　また、書く内容も問わない。納得できたことを記入してもいいし、わからなかったことを書いてもいい。賛同できないと思ったことを書いてもかまわない。とにかく、あなたの心と理性に触れたことは何でも記録していこう。

　これらの読書記録を整理する必要はない。Evernoteのようなデジタル・ツールを使用した場合、自動的に最終の入力時間が記録される。また、必要な情報を探したい場合は、検索機能を使用することができる。むしろ、自分の考えの変遷を残しておくためにも、情報の整理はしない方がよい。

6　研究資料への書き込み

　本を読む時に、書き込みやアンダーラインをする人は多い。それが人間の記

憶に有効なのかどうかはさまざまな意見があるようだが、ここではそれに有効性があることを前提に話をしたい。

　まず認識してもらいたいことは、本の重要性はきれいさを保つことにあるのではなく、その内容や主張を理解する点にある。そのため、あなたの理解が進むのであれば本はいくら汚してもかまわない。線を引いてもいいし、感じたことをメモしてもいい。あなたの書き込みが増えることによって、その本はあなたにとってかけがえのない研究資料へと成長していく。

　もちろん、図書館などで借りた本への書き込みは厳禁である。それは公共の財産であり、あなたの私物ではない。

　一般的な傾向として、取り組んでいる分野に関する知識が増えるほど、書き込みの数は減ってくる。まだその分野に詳しくない場合、ほとんどの記述が未知のものであるため、どうしてもアンダーラインなどが多くなってしまう。その分野に関する知識が増えてくると、本当に重要な個所がわかるようになってくる。そのため結果的に書き込みの数は減少してくることになる。そうなると読書記録の入力も短い時間で済むようになる。研究資料を読む作業は、経験と知識が増していくと、速さを増していく。

7　研究資料を読み解くこと

　ここでは、あえて、研究資料を「研究のための材料」とわりきったうえで、その取り扱い方を紹介した。研究資料は大切なものである。それは、本章の冒頭で紹介したように、学問における過去の長い歴史のなかで先達が積み重ねてきた努力の賜物である。しかし、それ以上に大切なものは、そのような過去の蓄積を重視したうえで導き出したあなたの考えである。過去の研究資料は、あなたが新たな知的地平を開拓するために自分たちを活用してくれることを心待ちにしている。あなたにはそれを実現する権利と責務がある。

参考文献
アドラー, M. J., ドーレン, C. V. 著, 外山滋比古, 槇未知子訳（1997）『本を読む本』. 講談社.
上野千鶴子（2018）『情報生産者になる』. 筑摩書房.

小笠原喜康（2018）『最新版　大学生のためのレポート・論文術』. 講談社.

小熊英二（2022）『基礎からわかる論文の書き方』. 講談社.

澤田昭夫（1977）『論文の書き方』. 講談社.

澤田昭夫（1983）『論文のレトリック』. 講談社.

戸田山和久（2022）『最新版　論文の教室——レポートから卒論まで』. NHK 出版.

ミント，バーバラ著，山﨑康司訳（1999）『新版　考える技術・書く技術——問題解決力を伸ばすピラミッド原則』. ダイヤモンド社.

第5章
研究方法の基礎

　中学校や高校と比較したときの大学の役割は、それが教育機関であるのみならず、研究機関でもあるということだ。学校教育法でも、大学は学術の中心として、「広く知識を授けるとともに、深く専門の学芸を教授研究」することを目的とするとある（83条）。大学は、研究活動という独特な社会的機能を担っている。大学に所属することとなったみなさんも、この意味での研究機関の一員に加わることになる。本章では、研究とは何かについて、また研究をするための基本的な方法や姿勢について学んでいく。

1　研究について

　大学が教育機関のみならず研究機関であるとして、その「研究」とは何だろうか。研究は英語で「リサーチ」と言うが、この言葉の元来の意味は「繰り返し探す」ことである。なぜ繰り返し探す努力をするかと言えば、研究者にとって探し物がまだ見つかっていないからだろう。要するに、研究とは未知なるものへの探求である。以下では、そもそも私たちにとって研究することがどのような意味をもつのかを見てみたい。

1-1　「問い」から始まる

　何かを知りたいという知的好奇心は人間誰しももっている。そうした場合に、知的好奇心を満たすためにどうするだろうか。昔であれば事典を引く、書籍を探す、今であればインターネットを検索するのが普通だろう。とくにインターネットは、世界中から自分に適した情報を瞬時に参照する機能に長けているし、投稿者が問いを投稿して別の投稿者が答えを投稿する形式のウェブサイトも沢

山ある。こうした方法を使って探している答えが見つかれば、さしあたり本人の知的好奇心は一段落するはずである。

　しかし、もしそこで答えが見つからなければ、あるいはそこで示されている答えに満足いかなければどうだろう。その場合、一歩進んで自分自身でその答えを探してみたいと思うかもしれない。ここから、自分で問いを立て、自分で答えを見つけるという作業が始まる。自覚的でないかもしれないが、まさにこれが研究活動の本質である。つまりそれは、既存の知識をなぞるだけでなく、新しい知見を付け加える、ある意味でクリエイティブな活動のことである。

　とはいえ、徒手空拳で未知の知識を得ようとしても、答えに到達できるとは限らない。私たちに必要なのは、歩を進める手がかりとなる既知の知識である。既知の知識を用いて得られた新たな知識は、私たちにとっての新しいツールとなって、さらに別の未知の知識の探求に活用される。こうして既知の知識が積み重なり、既知の世界が広がることで、私たちの世界認識はより広く、より深いものになる。学問とは、このような累積的な発展の結果として私たちが手にした知識の総体であり、こうした蓄積を支えてきたのが個々の研究者による研究活動であるわけだ。

1-2　教育と研究

　大学とは教育のみならず、研究を使命としている——こうして聞くと、いきなり高いハードルが設定されたように思われるだろう。しかし、みなさんがこれまで各教科の教科書で学んできた内容もまた、こうした研究の蓄積から生まれたものだ。一介の研究者が重要な発見をし、それがほかの研究者によって検証され、共有されるなかで、学問的な正統性を獲得する。とくに重要な研究成果は、いずれ教科書にも掲載され、より広く共有されていくだろう。教科書とはいわば、長い研究史のなかでどこかで誰かが付け加えてきた重要な知識を集積したものだ。

　大学に行かなくても、何かを学ぼうと思えば、教科書を買って自分で読むことはできるし、その多くはインターネットで知ることもできるのだから、わざわざ大学で何を学ぶ必要があるのかと考えたことがあるかもしれない。しかし、

教科書やインターネットで得られる知識は、あくまでも既知の知識でしかない（もちろん重要な知識だが）。それに対して、未知の知識、すなわちまだ誰も知らない答えを得るためには、教育ではなく研究の世界に踏み込む必要がある。

　その意味で、教育と研究は地続きになっている。教員にとっては、既存の学問成果を教育によって学生に伝えると同時に、新たな学問成果を上げるために研究に従事する。学生にとっては、既存の学問成果を授業のなかで習得すると同時に、そのなかでまだ答えの出ていない問いを見つけ、在学中にそれに取り組む。大学に所属する教員と学生は、その意味で相互に教育と研究という大きな輪のなかにいるというイメージだ。

　それでは、次の教科書的知識が、いつ誰によってもたらされたかを調べてみよう。

・万有引力の法則
・大陸移動説

1-3　研究は何の役に立つか

　ここまでは、大学に所属するみなさんを念頭に、半ば当然のこととして研究について議論してきた。しかしそもそも、研究して何の役に立つのだろう。みなさんの多くは、人生の一時点で大学に属し、そして卒業していく。一生を研究に費やす研究者を目指すならともかく、いずれほかの仕事や活動に取り組もうと思っているみなさんにとって、比較的短い期間とはいえ、研究機関に所属して、実際に研究活動に触れてみる機会をもつことは、その後の人生にとってどのような意味をもつだろうか。

　第一に、問いを立て、答えを探る営みは研究者の独占物ではない。「なぜ新商品が売れないんだろう」「植木がすぐに枯れてしまう原因は何だろう」「どうすれば子どもの成績が上がるかな」等々、私たちの日常生活は問いで溢れているし、その多くは本人にとって切実なものだ。インターネットで検索して答えが見つからないからといって、途方に暮れてしまう前にできることは数多くある。そのための方法と成果を自ら学ぶことのできる絶好の機会が、在学期間中

に実際に研究に触れてみることなのだ。

　第二に、研究に触れることは、知識の良し悪しを見抜くうえでも重要である。情報化社会のなかで自分が得たい情報は巷に溢れているが、そのすべてが信頼に値するわけではない。もし参照先がたまたま間違った知識であれば、結果的に問題を解決するどころか悪化させてしまうだろう。未知の知識の相対的な妥当性を確かめることは、研究に携わる者がまさに日々取り組んでいることであり、そのための追試や査読といったさまざまな仕組みもある。こうした取り組みに自ら参加してみることは、その後も情報の識別眼を養うための一助となるだろう。

2　研究の方法

　研究とは何かについて、大まかなイメージが掴めたら、次はその方法について考えてみよう。研究に限らず何事も、何かを学ぼうとすれば、まずはその型を覚える必要がある。ある文章が論文と呼ばれ、別の文章がそう呼ばれないのはなぜだろうか。論文は気の赴くままに書き連ねる随筆や評論とは違う。学問共同体のあいだの一種の共有財産であり、一定の型をもっている。逆に、この型を意識しながら書き進めればよいのだから、一から創作する必要は必ずしもない。

　といっても、同じ食材に対して和洋中それぞれの料理でそれぞれの調理法があるように、一口で研究といっても、その方法の中身は多様である。日本大学法学部は法学や政治学、経済学、社会学など社会科学の総合学部であることを謳っているが、分野間ならびに分野内でもかなりの多様性がある。加えて、研究方法それ自体も研究の対象となり、日夜更新されている（さまざまな方法の良し悪しを議論する研究を「方法論」と呼ぶ）。ここではあくまでもその一端をお伝えすることで、研究の具体的なイメージを深めていきたい。

2-1　問いを立てる

　先述したように、研究は問いから始まる。そこで、研究にあたってはじめに

必要なことは、問いを立てるということだ。厳密に言えば、ひとつの研究はひとつの問いをもつ。こうした問いを「リサーチクエスチョン」という。この意味で、研究には明確な始まりと終わりがある。すなわち、問いを立てることによって研究が始まり、問いを解くことによって研究が終わるわけだ。重要なことは、自分で問いを立て、自分で答えを見つけることが、研究の中心にあるということだ。どちらに取り組む責任も本人にある。

　問いの次に、問いに対する暫定的な答えを立ててみる。これを学問の世界では「仮説」という。仮説は研究の目的地を暫定的に指し示すものであり、研究の実施にあたり、その方向性を絶えず導く役割を果たす。はじめは単なる直観や思いつきであっても構わない。実際、科学史における偉大な発見の数多くも、思いがけず研究者に降って湧いたアイデアから始まっていたりするものだ（Gratzer, 2002）。

　仮説は検証可能であることが必要である。仮説の妥当性を実際に確かめることを、「実証」や「検証」と呼ぶ。ある仮説が検証可能であるということは、逆に言えば、○○のことが立証されれば、その仮説が間違いであったと認める余地がなければならないということだ。検証不可能な命題は、どれだけ確かめてみても正しいとも正しくないとも言えない、つまり問いに対する答えにならないので、研究にとって適切ではない。

　検証不可能な仮説のひとつは、個人の心情や選好である。たとえば、紅茶とコーヒーのどちらが美味しいかは好みの問題であり、客観的な正解はありえない。研究が導く結論は、説得を通じて誰もが共有しうる事柄でなければならない。「私は○○だと思いました」という結論は、自分の感情を吐露する感想文であって、読み手にとってそれ以上の意味はない。研究に触れるための第一歩として、授業で課されるレポートでも、まずは感想文の形式で文章を終わらせることを止めてみよう。

2-2　問いを解く

　検証可能な仮説を立てたら、さらにその仮説を検証してみる。検証の方法は、問いの内容によっても、学問分野によっても左右される。たとえば、化学や物

理のような自然科学分野であれば、実験室による実験やシミュレーションが用いられるかもしれない。法学や政治学のような社会科学分野であれば、学説や判例を読み込んだり、公文書を入手・読解したり、インタビューやアンケートなどの社会調査を実施したりするかもしれない。この辺りは、研究者それぞれの方針が問われる場面である。

　これらの検証を経る目的は、仮説の妥当性を確かめるための証拠（エビデンス）を得ることである。とはいえ、データとしての事実は事実であり、それ自体は何も語らない。それが証拠としての意味を帯びるのは、研究者が何らかの仮説を検証するためにその事実を用いるからである。インタビュー調査やアンケート調査はとかく大学生に好まれる手法だが、仮説をもたないまま何かを調査しようとしても、そもそも何を尋ねればよいか分からない。しっかりと仮説設定まで終えてから望む方がよいだろう。

　研究の成果は、第三者によって再現可能であることが必要である。一家相伝の技術でしか検証ができない研究は、第三者がその真偽を問いようがないため、再現可能性を満たさない。データは公開されていたり、万人に入手可能であったりすることが望ましい。註や文献リストをつけることは、いわば研究の素材とレシピを公開することであり、基本中の基本である。個人研究であれ共同研究であれ、研究とは本質的に他者に開かれた対話的な営みである。

　仮説の検証に一度成功したからといって、「正解を発見した」と早合点してはいけない。新しい知見によって、既存の研究の結論が次々と更新されていくのが学問の世界である。たとえば、飛行機が飛ぶ仕組みも、全身麻酔が効く仕組みも、科学的にまだ決着がついているわけではない（竹内，2006）。一見確からしい結論も、つねに反論に開かれた仮説のままであるのだ。大事なことは、結論それ自体よりも、そこに至るまでの筋道の説得力を高めることだ。

▎2-3　古典から学ぶ

　以上、仮説の設定と検証の段階をそれぞれ見てきた。研究には大きく二種類あると言われる（伊丹，2001: 概論編2章）。ひとつは仮説発見型で、何らかの問いに対して、こうではないかという仮説を立てることに重きを置くアプローチ

である。もうひとつは仮説検証型で、何らかの問いに対して、立てた仮説の妥当性を確かめることに重きを置くアプローチである。もちろん、検証されない仮説はただの仮説だし、仮説が存在しなければ検証のしようもないのだから、これら二種類のアプローチは車の両輪とも言える。

　実際の社会科学の古典的著作を通じて、仮説の設定と検証の段階を例示してみよう。紹介するのは、政治経済学者アルバート・ハーシュマンの『発言・離脱・忠誠』である（Hirschman, 1970）。ハーシュマンは本書を、以前の研究の際に訪れたナイジェリアで抱いた疑問から始めている。当時ナイジェリアの鉄道は、トラック輸送との競争に直面していたにもかかわらず、業務の効率化を一向に進めることができていなかった。標準的な経済学モデルであれば、他企業との競争はサービスの向上を促すはずなのに、なぜそうならないのだろうか。

　この問いに取り組むべく、ハーシュマンはユニークな仮説を立てる。企業や組織の一時的衰退とそれに対する人々の反応として、「離脱＝購入を止めたり、組織から離れたりすること」と、「発言＝経営陣や関連部署に不満を表明すること」という二つのオプションがある。経済学者は前者のオプションにのみ関心を払う傾向があるが、苦境に陥った企業や組織を回復させるためには、後者のオプションも含めた両者の組み合わせや相互作用がうまく機能する必要がある。ここでハーシュマンは、自身の問いに対する有力な仮説を発見したのである。

　ナイジェリアの鉄道の事例では、もっとも大きな声で不満を表明するはずの顧客が率先してトラック輸送へと離脱してしまい、発言オプションが機能しなかった。さらにハーシュマンは、この仮説をアメリカの公立学校の質問題、ラテンアメリカで生じがちな政治腐敗、政党システム論における理論と現実の乖離などの多様な事例に適用する。こうした幅広い事例においても仮説の検証に成功したことで、彼の研究は社会科学の古典の地位を得たと言えるだろう。この知見は、現在「ハーシュマン理論」としてさまざまな分野で応用されている。

　それでは、適宜参考文献に当たりつつ（高根, 1979）、次の社会科学の古典的著作が、どのような仮説を設定し、それをどのように検証するものであったかを調べてみよう。

・マックス・ヴェーバー『プロテスタンティズムの倫理と資本主義の精神』
・エミール・デュルケーム『自殺論』

3　研究の実践

　以上が研究方法の概要である。とはいえ、繰り返すと、分野に応じて、また個々の研究者に応じて、研究方法には多様性がある。たとえば、「仮説」や「検証」のような項目を論文中で明示する・しないといった論文のスタイルも、分野によって大きく異なる。詳細についてはそれぞれの分野の論文を見るのが一番だが、代表的な研究方法の中身に関しては、続く第 6、7 章を参照してほしい。ここからは、みなさんが実際に研究を進める際に、具体的にどういった点に気をつければよいかを見てみよう。

3-1　「問い」から始める

　研究を進めるためのひとつの指針は、研究テーマそのものを疑問形にしてしまうことだ。たとえば、「なぜ日本の少子化は止まらないのか？」「有効な少子化対策は何か？」などの疑問形から研究を始めれば、自然とリサーチクエスチョンが立てられるし、研究の終わりも見えてくる。逆に、「日本の少子化について」「少子化に関する考察」などの研究テーマでは、（もちろん研究者であれば問題ないのだが、慣れていない書き手の場合）研究の目的が曖昧になってしまう。

　研究テーマの選定と並行して進めたいことは、同様の問いにほかの誰かが取り組んでいないかを確かめることだ。同様の問いに取り組むほかの研究者の仕事を「先行研究」という。それは問い、答え、方法のいずれに関しても、自分の研究を進めたい者にとっての格好の参照軸なのである。実際、論文の多くは、関連する先行研究のレビューから始まる。まずは各種のデータベースなどで、綿密に先行研究に当たってみよう。情報収集方法については第 3 章を、先行研究の読み方については第 4 章を参考にしてほしい。

　また、せっかく手間暇かけて取り組む問いなのだから、その問いには意義があると明示できることが望ましい。研究の意義には学問的側面と社会的側面が

ある。学問的意義とは、多くの研究者が取り組んでいるがなお答えが出ない問いであるとか、その答えが別の研究のブレークスルーになるような問いであることだ。社会的意義とは、その答えが現実社会の重要問題に対して積極的な貢献になるような問いであることだ。社会問題を中心に扱う社会科学分野では、政策提言を研究に盛り込むことも多い（伊藤，2022）。

　注意すべき点は、答えの出なさそうな問いを避けることだ。レポートであれば数日から数週間、ゼミナール論文であれば数ヶ月から数年間といったように、何事にもできることには限りがある。たとえば、「神は存在するのか」は人々を悩ませてきた問題だが、大学生が在学期間中に取り組む問いとしては大きすぎるだろう。また、研究内容によっては、調査や実験のために一定の資金が必要になるかもしれない。外国研究をする際には、語学力や場合によっては現地調査も必要になる。

　期限の問題については、解決策がある。研究テーマをさらに切り詰めることだ。むしろ、実際に研究に手を付け始めれば分かるように、どれだけ切り詰めたテーマであっても、小さすぎる、狭すぎるといったことはない。むしろ、焦点を一ヶ所に集めることで、より厚みをもって調査や文献に当たることができるようになる。ゼミナール論文の段階で、どれだけ狭くてもよいから、自分が選んだテーマについては、少なくとも学内では（指導教員も含めて）自分より詳しい人間はいないと言えるくらい、考察を深めることができれば理想的である。

3-2　手がかりを探す

　とはいえ、いきなり問いを立てる、答えを見つけるといっても難しいかもしれない。まずはニュースを読む、映画を観る、広告を眺める、家族と一日を振り返るといった、日常生活のなかで研究のアンテナを広げることから始めてみよう。ちょっとしたひらめきや着想は、その多くが放置され、すぐに忘れられてしまう。身近に感じた問いや答えの輪郭を、その都度メモしたり、誰かと共有したりすることで、小さな発想が大きな実を結ぶこともありうる。

　あるいは、授業を聞くこともよいきっかけになる。先述したとおり、大学に

おける教育と研究は連続しており、そこで学ぶ内容もまた、過去の研究活動の産物である。もし疑問が生まれたり、その答えがこういうことではないかというアイデアが浮かんだりしたら、遠慮なく教員に質問してみよう。そのうちの幾つかは、あっさりと答えが返ってくるかもしれない。もし、それがまだ答えのない、あるいは確定していない問いであったら、研究の糸口を掴んだことになる。

　大学は教育研究機関であり、教員は教育者であると同時に研究者である。だから、研究活動の諸々の段階で何か迷ったり、困ったりしたら、教員を頼りにすることができるのが学生の特権である。きっと、普段の授業で見せる教育者としての顔とは違った、研究者としての側面を垣間見ることができるだろう。本書の第13章を一覧することも、自分の興味関心に近い教員を探すうえで役に立つ。ひょっとしたら、実はそれはみなさんのとても身近にいるかもしれない。

　問いを立てる場面でも、問いを解く場面でも良いのだが、アイデアを整理するひとつの良い方法が、KJ法と呼ばれる情報整理の方法だ（川喜田，2017）。これは、一人あるいは複数で、特定のテーマに対して、自由な発想を活かしてさまざまな断片的なアイデアを無数に出し、それらを統合し、相互に関連づけていく情報整理法のことである（第11章も参照）。一見関係なさそうなアイデア同士に、新たな光を当てることができる。社会的にもよく知られた便利な方法なので、自らの研究でも試してみる価値がある。

3-3　研究活動のステップアップ

　最後に、本章で紹介してきた話が、一朝一夕でできる話ではないことも理解しておいてほしい。何といっても、研究を進めようとしたとき、みなさんの目の前には目もくらむような膨大な研究史があるのだ。他人の意見を聞かずして、実のある自説を展開することはできない。まずは日々の授業のなかで実際の学問の蓄積に触れ、定評ある教科書や参考書を通じて既知の知識を自分自身のものとすることが第一である。

　また、授業内ではレポートを課されることもあるだろう。レポートとはその

名のとおり、課された問いに対して、どのような答えが見つかっているかを調べ、それを報告することである。自分で問いを立て、自分で答えを見つけるという、先に述べた研究の枠組みからすれば、レポートを書くことは知識の創発とまでは言えないが、事実を調べる、資料に当たるといった研究活動の骨格を掴むうえでの良い経験になるだろう。

　大学生活の後半には、ゼミナールの活動がある。ゼミナールこそ大半のみなさんにとって、研究活動の実質を形作る場となるだろう。教員の学問成果や研究指導に直接触れるなかで、自分の研究テーマを見つけ、育てるための手がかりを得ていこう。もちろん研究がすべてではないが、ゼミ志望の際にも重要な考慮事項となるはずである。ゼミナール論文の執筆がその集大成となる。論文執筆の詳細については、本書の第8〜10章であらためて触れることになる。

　繰り返すと、研究とは、自分で問いを立て、自分で答えを見つけることである。既知の知識を用いて未知の知識を切り開いていくことが研究の醍醐味であり、その点で正解のある勉強とは決定的に異なる。すでに答えのある問いを解くことから、いまだ答えのない問いを解くことへと思考のモードを切り替えることが、大学生となったみなさんにとって大事になる。そうして得られた知識と経験はきっと、大学を卒業してからも、長きにわたってみなさんの人生を豊かにしてくれるだろう。

参考文献

伊丹敬之（2001）『創造的論文の書き方』. 有斐閣.

伊藤修一郎（2022）『政策リサーチ入門——仮説検証による問題解決の技法　増補版』. 東京大学出版会.

川喜田二郎（2017）『発想法——創造性開発のために　改版』. 中央公論新社.

高根正昭（1979）『創造の方法学』. 講談社.

竹内薫（2006）『99・9% は仮説——思いこみで判断しないための考え方』. 光文社.

Gratzer, Walter（2002）*Eurekas and Euphorias: The Oxford Book of Scientific Anecdotes*. Oxford: Oxford University Press（グラットザー・ウォルター著, 安藤喬志, 井山弘幸訳（2006）『ヘウレーカ！ひらめきの瞬間——誰も知らなかった科学者の逸話集』, 化学同人）

Hirschman, Albert O.（1970）. *Exit, Voice, and Loyalty: Responses to Decline in Firms, Organizations, and States*. Cambridge, MA: Harvard University Press（ハーシュマン, A. O. 著, 矢野修一訳（2005）『離脱・発言・忠誠——企業・組織・国家における衰退へ

の反応』．ミネルヴァ書房）

第6章
データ分析（量的研究）

1 データ分析とは

1-1 なぜデータ分析をするのか

なぜわれわれは数や量の情報を使用したデータ（統計）分析を行うのか。それは、複雑な社会現象の仕組みを読み解き、問題解決に役立てるためである。数や量の情報によって社会現象を表現する意義は、統計分析が行える点に加えて、抽象的な表現を具体的に表現できる点も挙げられる。例えば，投票率の高低の基準は人によって異なるはずだが、「今回の選挙の投票率は61％であった」と数字により表現した場合、投票率の傾向を知っていれば今回の投票率が高いかどうかを判断することが可能となる。

これらの数や量の情報を使用した統計分析によって社会現象の仕組みやメカニズムが解明できれば、今後の課題解決に向けた具体的な議論ができることになる。近年では、政府や各府省庁においても、政策立案や政策の施行に関して、その場の議論や担当者の過去の経験などから判断するのではなく、関連情報や統計データを活用することにより証拠（エビデンス）を提示する必要があるとされている。このことを、証拠に基づく政策立案（Evidence Based Policy Making: EBPM）とよぶ。

本章では、まずデータの性質、特に量的変数について説明する。次に、データの特徴を要約するための方法についてみていく。最後に、データ間の関係性

を読み解く方法を簡単に紹介する。

1-2　量的変数とは

　自ら設定した仮説を検証する方法の1つに、データによる分析がある。ここでは、データによる分析を行う上で重要となる変数について説明する。この変数という言葉はどのように定義できるのか。一般的に、変数とは分析の対象となる現象や行動主体の性質や状態、量などを表す数値などを意味する。また、この変数にもいくつかの分類が存在する。

　表6-1にまとめられている変数の分類について説明する。1つ目の判断基準は、該当する変数が直接観測できるかどうかである。直接観測や計測ができない変数は潜在変数と呼ばれ、観察や計測が可能な変数は観測変数と呼ばれる。たとえば、全国の観光地に訪れた人の数は計測できるが、この観光客数からは「なぜその観光地を選んだか」といった理由については観測ができない。データによる分析を行う際には、これらの違いを理解する必要がある。

　2つ目の基準は数字の意味についてであり、どのように解釈するかによって

表6-1　変数の分類

判断基準	変数名	変数の性質	尺度の名前	尺度の性質	例
直接観測可能かどうか	潜在変数	直接観測・計測ができない変数			観光した理由
	観測変数	直接観測・計測ができる変数			観光客数
数字の意味について	質的変数	数や量で測ることのできない変数	名義尺度	同じ値かどうかを判断	名前や性別
			順序尺度	名義尺度の性質に加えて，値の大小に意味がある	ランキング
	量的変数	数や量で測ることのできる変数	間隔尺度	順序尺度の性質に加えて，値の差に意味があり，0には相対的な意味しかない	温度や西暦など
			比例尺度	間隔尺度の性質に加えて，値の比に意味があり，0には絶対的な意味がある	価格や身長など

資料　筆者作成。

変数の種類が決まっている。まず、大きな分類として、質的変数（カテゴリー変数）と量的変数がある。質的変数は数や量で計測できない変数であり、量的変数は数や量で計測することが可能な変数を意味する。

　量的変数には間隔尺度と比例尺度という分類がある。間隔尺度では目盛が等間隔であり値の差に意味があるが、0という値には相対的な意味しかない。そして、比例尺度は値の差に意味があるだけでなく、0が原点であるため比率にも意味がある。間隔尺度としては温度や西暦があり、比例尺度には価格や身長・体重などが当てはまる。質的変数による分析についての詳細は、次章で説明する。

1-3　統計データの分類

　まず、「統計」という言葉を理解するために、政府統計、記述統計、推測統計について説明する。政府統計とは、社会現象に関する数値や量といった政府が公表する情報（統計データ）である。政府に限らず、地方自体や国際機関などからも同様の統計が公表されている。記述統計とは、分析対象の統計データの特徴を客観的に記述するための方法である。詳細は第2節で説明する。推測統計とは限られた統計データから、その統計データには含まれていない「全体」の特徴を推測する方法である（例：中小企業へのアンケートデータから日本全体の平均貯金額を推測する）。推測統計については本章の対象外とする。

　次に、統計データを使用した分析を行う上で重要となる統計データの分類についてみていく。

（1）1次データ・2次データ

　1次データとは、分析者自身が研究の目的などを達成するために採取したデータであり、アンケート調査や実験などから得られたデータが当てはまる。1次データには目的に適した内容のデータを取得できるという利点があるが、データの収集には金銭的・時間的費用がかかるといった欠点もある。

　2次データとは、分析者の研究目的のために採取されたデータではなく、官公庁から公表されるデータや、他の研究者などが公表するデータが含まれる。

2 次データには、データの収集には金銭的・時間的費用があまりかからないという利点があるが、自らの研究目的に合致したデータが必ずしも存在するとは限らないという欠点がある。

(2) フローとストック

　フローデータとは、一定期間に「流れた」変化量などを表すデータであり、毎月の預金額などがあてはまる。一方、ストックデータとは、ある時点において「蓄積」している量などを表すデータであり、現在の預金残高などがあてはまる。たとえば、ある年の 1 月から毎月 1 万円を預金した場合、毎月の預金額である 1 万円がフローデータとなり、1 年後に預金通帳に記載された預金額である 12 万円がストックデータとなる。

(3) データセットの種類

　表 6-2 には、3 種類のデータセットの分類が示されている。1 つの項目や主体について、時間に沿って集めたデータを時系列データとよぶ（表 6-2 の①）。この時系列には、日、週、月、四半期、年などが含まれる。ある時点における複数の項目や主体を対象としたデータを、クロスセクション・データとよぶ（表 6-2 の②）。最後に、複数の項目や主体について、時系列で集めたデータを

表 6-2　各国の経済規模

③		2018 年	2019 年	② 2020 年	2021 年	2022 年
	アメリカ	10	15	25	30	35
①	日　本	5	7	9	11	13
	中　国	1	3	11	15	20
	韓　国	5	6	8	8	9
	イギリス	5	7	9	9	10
	フランス	4	4	6	6	6
	イタリア	4	4	6	6	6
	ドイツ	4	4	6	5	6
	合計	38	50	80	90	105

資料　筆者作成。

パネルデータとよぶ（表6-2の③）。このほかにも、生まれた年を1つの基準として、同じグループを対象として時間経過ごとに集計したデータをコーホートデータとよぶ。どのデータセットを使用するかは、研究の目的に応じて選択する必要がある。

2　データの特徴を要約する

2-1　平均・中央値・最頻値

　本節では、データの特徴を要約する方法として、記述統計についてみていく。分析の対象とするある集団について、その集団の中心的特徴や傾向を示す値のことを代表値とよぶ。この代表値には、一般的に平均値、中央値、最頻値が含まれる。

　表6-3は、クラスAとクラスBについて、英語のテストの点数をまとめたものである。英語のテストは10点満点であり、それぞれのクラスには9名の学生が在籍している。平均値とは、対象となる量や値の総和を個数で割ったものである。今回の例では、各クラスの合計点を、学生の人数で割ったものである。クラスAの平均点を計算すると、45（点）÷9（人）＝5点であることがわかる。

　中央値とは、対象となる量や値を小さいまたは大きい方から順番に並べたとき、中央に位置する値のことである。データの個数が奇数のときは中央、偶数の時は真ん中の2つの値の平均値となる。クラスAの中央値は5点であることがわかる。

　最頻値とは、最も頻度が高い、つまり頻繁に出てくる値を意味する。クラスAの最頻値は5点であることがわかる。今回のケースでは、平均値、中央値、

表6-3　平均値・中央値・最頻値

クラス	点　　数	平　均	中央値	最頻値
A	4, 4, 5, 5, 5, 5, 5, 6, 6	5	5	5
B	1, 2, 3, 5, 5, 5, 7, 8, 9	5	5	5

資料　筆者作成。

そして最頻値はすべて5点であったが、これらの値が異なる場合がある。

　一般的に、この違いは「外れ値」にあると言われている。外れ値とは、他の量や値から大きく外れた値のことである。たとえば、日本人の平均的な貯金額を議論するとき、大企業の経営者などの数値を入れてしまうことで、代表値に影響を与えることがある。平均値は外れ値の影響を受けやすく、その他の代表値は影響を受けにくいため、外れ値の存在の有無によって採用する代表値を選択する必要があるといえる。

2-2　データの散らばり

　表6-3に戻り、クラスBの代表値についても確認してみる。計算すると、クラスBの平均値、中央値、そして最頻値も5点であった。それでは、この試験の後も、代表値が同じ2つのクラスは同じ方法で授業を進めていいのか。ここで確認すべき点は、個人の点数の散らばりである。

　データがどの程度散らばっているかは、値の散らばりの程度を示す散布度によって表現できる。ここでは、標準偏差についてみていく。標準偏差は、最小値が0であり、データの散らばりが大きくなるほど大きな値となる。詳細な計算方法は省略するが、実際に標準偏差を計算すると、クラスAは0.67、クラスBは2.54となり、クラスBの点数の方が散らばっていることがわかる。

　データの散らばりから何がいえるのか。今後の授業方法を例に考える。クラスAについては、全員が平均点または平均点から1点しか離れていないため、今後の授業方法については共通した対策をとることが考えられる。一方、クラスBについては、1点の学生もいれば、9点の学生もいる。そのため、クラスAと比較すると、個人単位で指導方法について考える必要があるといえる。

2-3　時系列データとクロスセクション・データの分析

　ここからは、あるデータについて、時間の経過によって生じる変化と、クロスセクション・データに占める割合について考える。

　時間の経過によって生じる変化については、前年（同月）比と変化率によっ

て示していく。

　あるデータの前年（同月）比は、

$$対前年(同月)比 = (当該年(当該月)の値) \div (前年(同月)の値) \times 100$$

として計算できる。つまり、前年の値を 100 としたとき、当該年の値は何％であるかを示している。前年同月比とする意味は、季節的な変動（ウイルスの流行やボーナスの支給など）を取り除くためである。表 6-2 を確認すると、2019年の日本の前期比は $7 \div 5 \times 100 = 140\%$ であることがわかる。

　変化率は、当期の数値が過去のある期の数値と比較して、どの程度増減しているかを示している。変化率は、

$$変化率 = (当期の値 - 前期の値) \div 前年の値 \times 100$$

として計算できる。2019 年の日本の変化率は、$(7-5) \div 5 \times 100 = 20\%$ であることがわかる。

　次に、あるデータがクロスセクション・データに占める割合を示すものとして、構成比についてみていく。構成比は、

$$構成比 = 当該変数(内訳) \div 全体の値 \times 100$$

として計算できる。2019 年の日本の構成比は、$7 \div 50 \times 100 = 14\%$ となる。いくつかの計算方法を紹介したが、研究の目的や、どのような主張をしたいかによって使用する指標を選択する必要がある。

3　データ間の関連性を調べる

3-1　散布図

　ある 1 つの変数の特徴について、その示し方をみてきたが、変数間の関係性

について知りたい場合はどのような示し方があるのか。本節では、相関分析についてみていく。

　相関とは、ある 2 つの変数の間に（直線的な）関係性があるかどうか、といったことである。たとえば、身長が伸びると体重が増えるといった正の相関や、年齢が上がると睡眠時間が減るといった負の相関がある。

　相関分析では、2 つの手順がある。1 つめは、散布図による視覚的な確認である。図 6-1 には、散布図の表現例がまとめられている。散布図は、ある 2 つの変数をそれぞれ縦軸と横軸によって示し、その交点でプロットすることで得られる。散布図では、相関関係にあるかどうか、といった点について分析することができる。それでは、その関係性がどの程度強いのか、といった点はどのように示すことができるのか。

3-2　相関係数

　2 つの変数間の関係性について、その強さを示しているのが相関係数である。相関係数は、あるデータ同士の関係性の強さを、数値で表現している。

　表 6-4 には、相関係数の解釈についてまとめられている。絶対値が 1 に近いほど相関関係は強く、0 に近づくほど弱くなることがわかる。また、この相関係数がプラスであれば正の相関関係（図 6-1 の①）、マイナスであれば負の相関関係（図 6-1 の③）を意味する。この相関係数の強さについては絶対的な基準はなく、参考としてこのような考え方がある。

　相関関係を確認するときには、擬似相関に気を付ける必要がある。擬似相関とは、変数間に直接的な関係性がないが、他の要因の影響などにより「相関関係があるように」みえてしまう状況である。図 6-2 には、小学生の年齢、体重、学力についての相関関係が示されている。3 つの変数について、いずれの相関係数も高かったとする。学年が上がるにつれて、体重も増え、学力も上がることは理解できる。しかし、体重が増えることと、学力の向上が関係しているという点については疑問が残る。この擬似相関に注意する必要がある。

　また、相関係数は外れ値の影響を大きく受ける点、直線以外の関係性は表現できない点に注意する必要がある。

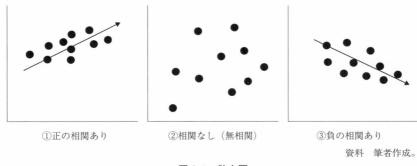

①正の相関あり　　　②相関なし（無相関）　　　③負の相関あり

資料　筆者作成。

図 6-1　散布図

表 6-4　相関関係の強さ

相関係数（絶対値）	相関関係の強さ
0.0	無相関
0.0 〜 0.2	ほぼ無相関
0.2 〜 0.4	弱い相関
0.4 〜 0.7	中程度の相関
0.7 〜	強い相関

資料　筆者作成。

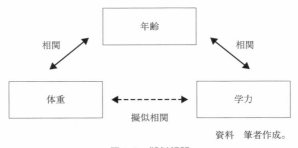

資料　筆者作成。

図 6-2　擬似相関

3-3　因果関係の特定

　相関分析についてみてきたが、相関分析では変数間の「因果関係」までは特定できない点に注意する必要がある。たとえば、収入と保有する資格の数につ

いて、正の相関関係があったとする。しかし、相関分析では、資格を多く保有していることで収入が高いのか、収入が高いことで資格取得のための費用を負担できるから多くの資格を有しているかは判断できない。そのため、他の手法で因果関係の特定が必要となる。

　因果関係の特定とは、関数の特定を意味する。つまり、どの変数同士が原因（独立変数や説明変数とよぶ）と結果（従属変数や被説明変数とよぶ）の関係になっているかを特定することである。理論モデルでは、関数の特定化によって因果関係を確認できるが、その関係が現実のものであるかを検証するためにはデータによる実証分析が必要となる。たとえば、ある政策が経済成長に与えた効果や、投薬が病気を治すために役立ったのかなど、多くの分野で因果関係の特定が行われている。過去の統計データを使用した統計的分析を行うことでこの因果関係を特定できれば、将来の政策導入や新薬開発に役立つため、この因果関係を特定することは非常に重要である。

　既に説明したが、EBPM は経済のみならず多くの分野に普及している。2020 年から流行した新型コロナウイルス（COVID-19）対策にもこの EBPM は活用されており、科学的根拠に基づく政策立案・導入プロセスがさらに加速し始めている。因果関係の特定にはデータ分析が欠かせないが、近年では実験的分析や AI などを採用したシミュレーションによる予測分析などが進められている。因果関係の特定については、本書の対象外であるため、統計学、計量経済学、そして計量政治学などを学習することが推奨される。

参考文献

石村貞夫（2006）『入門はじめての統計解析』. 東京図書.

伊藤公一郎（2017）『データ分析の力——因果関に迫る思考法』. 光文社新書.

江崎貴裕（2020）『データ分析のための数理モデル入門——本質をとらえた分析のために』. ソシム株式会社.

新潟県総務部統計課（2020）.「やさしい統計入門」,『新潟県ホームページ』〈https://www.pref.niigata.lg.jp/site/tokei/20200331toukeinyuumon.html〉2022 年 10 月 31 日閲覧

第7章
質的分析（質的研究）

1　社会科学における実証分析

　本章は社会科学研究における質的分析について取り上げる。ここでいう社会科学とは、広義には政治、経済、社会現象の原因やメカニズムの探究を意味するが、より具体的にはそうしたトピックに関する実証的な分析を伴う知的営為を指している。また「実証的な」分析とは、（学生を含めた）研究者自身が設定する問いに対する答え（仮説）の妥当性を何らかの資料やデータを用いて読み手に納得させ、独自性のある主張を行おうとするプロセスである。

　実証分析で使われる資料やデータには様々なものがある。ここには当然、第6章で紹介されたような量的データも含まれる。これらを使った研究では数値化されたデータを統計解析の手法を用いて分析を行う。一方で、研究資料・データの中には、書籍や論文、新聞記事、歴史史料といった文献だけでなく、インタビューやフィールド調査から得られる情報など、必ずしも最初から数値で表されていないものも多数存在する。むしろ、日常生活の中でアクセスしうる資料やデータはこうした非量的な素材であることが多いかもしれない。質的研究では、そうした資料・データを統計分析の手法を用いずに、対象となる現象の発生原因やメカニズムを過程追跡などの定性的な方法で検証するアプローチをとる（加藤・境家・山本, 2014）。

2 質的研究と因果推論

　量的アプローチをとるか、質的アプローチをとるかに関わらず、実証的な社会科学研究の大きな目的はある現象の原因と結果の間の因果関係を特定することにある[1]。原因はしばしば独立変数（もしくは説明変数）、結果は従属変数（もしくは被説明変数）と呼ばれ、事例や個人といったケースごとに値が変わるものとして捉えられている。因果関係を同定することは現象の発生に関する「説明」を行うことと同義であり、その現象自体を正確に認識して記録する「記述」とは区別されることが多い。そもそも現象の説明を行うためには、それを歪みなく記述し、分析の対象を正しく把握することが不可欠である（久米，2013；高根，1979）。ただし、そうした記述が問題なく行われた場合でも、因果関係を正確に把握することは実際のところ簡単ではない。それは、あらゆる現象を引き起こす原因はしばしば多数あり、それらが複雑に絡み合いながら特定の結果をもたらすからである。さらに、そうした原因も別の要因によって引き起こされていることが多い。そのため、研究者は原因と結果の間に因果関係があるのではないかという「推論」を行うのである（久保・末近・高橋，2016）。

　特定の原因が結果に対して影響を与えているか、また与えているとすればその効果はどの程度の大きさなのかを厳密に測ることは反実仮想の方法をとることで可能となりうる。反実仮想による因果推論とは、特定の結果に対してある原因が認められた場合に、同時点でその原因がなかったら結果はどのように変わるかを考えることである。しかしながら、ある時点でその原因が存在した場合にそれがなかった過去に戻るのは不可能であり、逆もまた同じである。このことから、因果関係の効果を正確に測ることは難しい。

　一方で、どのようなプロセスを経て特定の原因が結果に対して影響を及ぼしたのかについて推論を行うことも重要であろう。これは、ある現象がなぜ、どのようにして引き起こされたのかに関する過程の追跡を行い、それに関する詳細で分析的な叙述などをすることで可能になる（ジョージ・ベネット，2013）。

---

[1]　ここでいう因果関係は、原因と結果を区別しない変数間の共変関係（相関関係）とは異なる。

こうした過程追跡の方法は、原因と結果の連鎖によって構成される複雑な因果関係のメカニズムを明らかにするのに有益である。

3　事例比較

　質的なアプローチによる因果関係の説明を行う際には、国や社会集団といった事例を比較する方法がとられることが多い。一般的に比較というと、二つ以上の事例の特徴を比べて、それらの優劣を論じることであるとイメージする人も多いであろう。たしかにこれは誤りではないが、ここでは何らかの比較対象を念頭に置いた単一の事例の研究も「比較」の範疇に含めて話を進めたい。

　では、そもそもなぜ因果関係の説明には比較が必要なのであろうか。別の言い方をすると、なぜ比較を行わなければ因果関係が把握できないのであろうか。それは端的にいうならば、何ら比較対象を持たない場合には、当該事例に対する評価を行うことが難しいからである。たとえば、A国で政府と反政府武装勢力との間で内戦が勃発したとする。状況を詳しく調べたあなたは、その国に権威主義体制、経済的不平等、民族的な相違という特徴があることを突き止めた。それでは、これらの3つの特徴のうち、内戦を引き起こした要因はどれであるか特定できるであろうか。おそらく、ここに提示された情報だけでは難しいであろう。これらの特徴は一般的に社会集団間の不満を生み出し、紛争を引き起こす可能性を孕んでいるものである。しかしながら、このうちのいずれが内戦勃発の決定的な要因となったかを特定することはできない。たしかに、これらすべての要因が重なり合って紛争を引き起こしたということもできるかもしれない。それでは、ここに追加の要因候補として政府による弾圧行為が加わったらどうだろうか。これも複合的な内戦原因の一要素として加えるべきであろうか。この問題は、「それでは、さらに別の要因が挙がったら…」というように、原因として考えられる変数のリストが際限なく長くなってしまうことにある。それでは、結局のところ、結果（内戦）の原因が何であったかを特定することができなくなるだけでなく、状況をただ述べるにとどまってしまうことになってしまうであろう。

　改めていうと、ここで重要なのは何らかの比較対象を持つということである。

表 7-1　内戦の発生要因の比較

	A国 （内戦あり）	B国 （内戦なし）
権威主義体制	あり	あり
経済的不平等	あり	なし
民族的相違	あり	あり

　上記のA国に加えてB国という比較対象を加えてみたらどうなるであろうか。仮にB国ではA国と同様に権威主義体制と民族的相違が存在したとする。ただし、B国では深刻な経済的不平等は存在しなかった（表 7-1）。つまり、前者の要因はA国とB国の間で状況が一致していたものの、後者の要因では食い違いが見られた。両国間で内戦の勃発という結果に違いが見られるのであれば、それを生み出したのは経済的不平等の変数であると結論付けることができるであろう。

　このような比較の方法は「差異法」と呼ばれ、ある1つの原因が異なる複数の事例を比べてみて結果における違いの有無を考察することで因果関係を把握することができるという点で有益な手段である[2]。

　また、「一致法」と呼ばれる事例比較の方法も因果関係の把握に有効である。たとえば、上で考察したA国、B国ともにその後、民主化を果たしたとしよう。ここでは、両国において民主化が成功したのか、その要因を探るのが目的である。まず表 7-2 で示されているように、内戦の経験についてはA国とB国では相違がある。さらに、A国では過去に植民地化された経験がなかったものの、B国では被植民地としての歴史があった。ここまでのところ、両国で観察された民主化を説明しうる要因は見つけられそうにない。しかし、さらに詳しくこれらの事例を調べてみたところ、経済発展の有無に関する変数を見つけることができた。A国とB国では共に著しい経済発展を遂げており、市民の生活水準が向上していることがうかがえた。これら2つの事例の間では、内戦や植民地化の経験が異なるものの、経済発展を果たしていたという点で共通する背景を持っていたことになる。これらのことから、経済発展というのが民主化を促進

2）　しかしながら、表 7-1 で示されたような、ある1つの要因以外のすべてが同じ状況である理想的な事例の組み合わせを探すのは現実には難しい（河野, 2002）。

表 7-2 民主化の要因の比較①

	A国	B国
内戦の経験	あり	なし
植民地化の経験	なし	あり
経済発展	あり	あり

するための重要な要因であるということができそうである[3]。

　ここまで、A国、B国という2つの仮想国家を題材にして話を進めてきた。それでは、ある単一の事例を取り上げるというやり方では因果関係の特定はできないのであろうか。A国のみを対象にした内戦の原因に関する議論で述べたように、1つの事例だけを見てもいずれの要因が働いていたのかを同定することは難しい。ただし、単一事例の研究においても理論や仮説に依拠しながら、実際の現象における因果関係にせまることはできそうである。これは理論や仮説の検証型の単一事例研究と呼ばれ、既存の議論の妥当性を検討するのが目的となる。導き出された結論によってそうした妥当性が実証されたり、あるいは反証されたりする。したがって、ある特定の理論や仮説に対してどのような事例を組み合わせるかによって結論も異なってくる。そこでは、すでに提唱されている理論・仮説に最もうまく当てはまる事例を取り上げる（典型的事例研究）こともあれば、そうした理論・仮説ではうまく説明できない事例を取り上げて反証の材料として用いる（逸脱事例研究）こともある（加藤・境家・山本，2014）。いずれにしても、ある現象に関する原因と結果の関係性を把握するためには、参照すべき対象が必要となってくる。それは、2つ以上の事例を取り上げる比較分析、また単一事例の研究においても同じであろう。

4　比較の手続き

　ここまで質的分析における比較の重要性を見てきた。本節では、実際にそれ

---

3)　ただし、この結論はあくまでA国とB国との比較における暫定的なものである。より確かな因果関係の特定を行うためには、民主化がなされたすべての国を挙げて同様の比較を行わなければならない（河野，2002）。

を行う際の重要な手続きについて話を進めていきたい。第一に、事例比較では分析の単位に留意する必要がある。前述の例では、国を考察の対象として因果関係に関する議論を行った。この場合、分析の単位は国であることは異論の余地はないだろう。ただし、もちろん分析の単位は必ずしも国である必要はなく、研究の対象や目的に応じて異なってくる。仮に日本国内における都道府県の所得レベルや高齢化率の違いに関心があれば、各都道府県（あるいは、それらのうちいくつか）を事例とすることが妥当であり、これが分析単位となる。また、世論調査のデータから日本人の生活に関する満足度を調べたい場合には、個人を分析の単位とする分析が適切であろう。あるいは、大学や企業を含めた組織や集団の形態やパフォーマンスの相違を説明する必要があれば、これらが一義的な分析の単位となってくる。

　このように、比較しうる事例には国、社会組織・集団、個人など、様々なレベルのものを研究の目的に応じて設定することができる。ここで重要なのは、それぞれの事例が比較可能であるかどうかに関する判断である。一般的に、事例比較では分析の単位を共有するもの同士を比べることが望ましい。たとえば国同士の比較であれば、それらは国際法上の地位や制度・機能的に同じ条件を持っているため、そのなかでの細かい違いを比べることができる。2020 年以降の新型コロナウイルス感染症のパンデミックでは、早くから人流の制限やロックダウンの方策をとった国もあれば、そうでない国もあった。国を分析の単位として、こうした各国間の政策の違いを観察し、それがもたらされた原因を特定することも可能であろう。一方で、そうした国の中の自治体においても独自の対策をおこなう事例が見られており、その多様性についても興味をそそられる。ただしこの場合、分析の対象となるのは自治体レベルでの政策であり、比較の単位をこれにそろえる必要がある。つまり、国と自治体とでは規模や持っている権限に大きな差があるため、これらを単純に比べることはできないということである。

　比較する事例の分析単位が一致していれば、各事例は同一時点で観察されたものである必要はなく、単一事例の通時的な比較であってもかまわない。同一時点における比較は、たとえば現時点における日本、韓国、中国といった国々の比較であるのに対し、通時的な比較では過去と現在の日本を比べるというこ

とになる。いずれも、比較可能であるという「共約性」を有していると考えることができ（河野，2002）、因果関係の推論において有効であろう。さらに、これら2つのパターンを組み合わせて、複数の国に対して時間的な変化を観察するという方法をとることもできる。

　第二は概念の操作化である。質的、量的なアプローチに関わらず、何らかの現象における因果関係を捉えるにはその原因と結果を概念によって捉えることが不可欠である。この考えは、経験的世界というものは広大な闇であり、研究者は概念というサーチライトを使ってのみ、その一部を知ることができるというような比喩にも表れている（高根，1979）。たとえば上で議論した、内戦や権威主義体制はそれぞれ政治参加や体制の一形態を表す概念であり、ある特徴を持った現象や制度をひとまとめにして扱うことを可能にしている。いうまでもなく、この「ひとまとめ」にされたもの同士が比較可能な対象としての性格を有することになる。

　世界を切り取る道具である概念も抽象的であり、そのままでは分析に用いることができないこともある。そうした際には各概念に対して、何らかの指標を用いることでそれがうまく捉えることができないかを考えるとよい。さらにそうした指標が実際の状況によって具体的にどのように変化するのかについて、またその変化の幅を考慮することも重要である。たとえば、経済発展という概念自体は非常に抽象的であり、ある国がどの程度の発展のレベルにあるかについては様々な捉え方があろう。ただし、国内総生産（GDP）というような指標を用いてこれを操作化すれば、国同士の経済発展の水準を比べることができ、事例の比較を行う際のハードルは大きく下がる。同様に、政治体制といった概念も多様な捉え方ができる余地を孕んでいるが、自由や平等の度合いに応じて具体的なカテゴリーを設定することが可能となる。たとえば、世界各国の民主主義の度合いを集計している V-Dem 指標は、政治体制を「自由民主主義」、「選挙民主主義」、「選挙独裁主義」、「閉鎖独裁主義」に分類している（V-Dem Institute）。

5　事例の選択や分析におけるバイアス

　ところで、因果関係の説明には個別な文脈に依拠するものと、より広範な射程を視野に入れた一般的な説明とがある。事例比較に基づく因果推論からえられた知見は、あくまでその対象に限定されたものであることに注意が必要である。たとえば、単一事例の研究であれば、それが理論との整合性を意識したものであっても、そこで得られた結論は当該事例の状況に大きく依存するものであることは明らかであろう。また二国間の比較を行った場合でも、そこで得られた知見が分析の対象としなかった事例に対しても即座に適用できるとは限らない。

　しかしながら一方で、実証的な社会科学研究ではいかなる文脈にも適用可能であるような一般的な説明を試みることもある。概して、多くの事例を対象にする量的アプローチは質的アプローチに比べて、その分析結果の適用範囲がより広い。それは質的研究においては、量的研究で扱うほどの多くの事例に対して、その歴史的背景や詳細な特徴を一つ一つ比べるということが難しいからである。したがって、質的研究では比較的少数の事例を対象に、過程の追跡や構造的な特徴を見比べるという手順を踏む。ただし、質的研究において一般的な説明が全く志向されないかというと、必ずしもそうではない。むしろ、より多様な背景をもつ事例を選んで分析することで、個別具体的な文脈を超えた議論を進めることを試みる場合も多くある。ここでは、そうした研究を行う上での注意すべき点について話をしたいと思う。

　ここで特に重要なのは事例の選定にかかるバイアスの問題である。これは、研究の対象となる事例が偏りのある形で選ばれている場合には、いくら比較や分析の方法が適切であっても正しい結果を出すことはできない、ということである。たとえば、日本国民における内閣支持率を調べたいという場合に、自分の身近にいる人だけに意見を聞いたとしても、また仮にそうしたインタビューを数多くこなしたとしても、本当に知りたい正確な数値にはたどり着けないであろう（久米, 2013）。これは、分析の対象とした事例（個人）が日本国民の男女比や年齢構成比を必ずしもきちんと反映していないことによるものである。

一般的に、こうした問題を避けるには、日本国民から調査対象者を無作為に選びだすという作業を行うことが前提となる。

　ただし、そうした対象の無作為抽出は多くの事例を扱う量的研究のデータ収集の過程では用いられるものの、少数の事例を対象とする質的研究には当てはまらないかもしれない。むしろそうした事例研究においては、分析の対象とすべき重要な事例や現象があり、またそれがその他の事例と比べ物にならないほどユニークで類似する現象がほとんど見られないような時ほど、それ自体を詳しく調べてみることに意義がある場合もある。しかしながら、より一般化された形で因果推論を行おうとする際には、事例が少数であるからこそ、それがなるべく偏りのないように選ばれるべきである。

　では、どのような時に事例選択における偏りが生じるのであろうか。ここで特に注意したいのが、研究者の言語能力や事例に関する精通度のみでそれを選ばないようにすることである。たとえば、アフリカにおける経済発展に関する研究を行う場合に、自らがフランス語で書かれた現地の文献を読む能力を持っていないという理由だけで、フランス語圏の国々を事例比較の対象から排除してしまうようなことがこれにあたる。もちろん、こうした問題は実際には常に避けることができるわけではないが、その場合にもここで選択した事例にはどのような偏りがあるかを自覚して、「一般的な」主張を行おうとするときにはその適用範囲の限界を明確に示すことが重要である。

　また、従属変数における特定の値にもとづいて事例を選んだ場合にもバイアスが生じることが指摘されている（キング・コヘイン・ヴァーバ，2004）。表7-2で考えたA国とB国の民主化の要因を思い出してみよう。そこでは、両国はともに民主化を果たしており、内戦や被植民地化の経験は異なるものの、経済発展という共通の背景を持っていた。このことから、経済発展が民主化を促進した要因であると結論付けていた。しかしながら、本来であれば民主化を果たしていないC国のような事例も分析の対象に入れなければ、経済発展が本当に民主化に結び付いているのかどうかはわからない。そもそも、A国とB国には表中に挙げた特徴のほかにも比べるべき変数は無数に存在することが想定でき、両者の間で値が一致するような潜在的な類似点が他にもあるかもしれない[4]。また、もしC国において経済発展が果たされていないとすれば、それが民主化

表 7-3　民主化の要因の比較②

	A 国 （民主化あり）	B 国 （民主化あり）	C 国 （民主化なし）
内戦の経験	あり	なし	あり
植民地化の経験	なし	あり	あり
経済発展	あり	あり	あり？なし？

の要因であると一応は結論付けてよさそうなものの、経済発展があったとすれ
ばこれが民主化に結び付いているということはできなくなってしまう（表 7-3）。
このことから、従属変数がある程度散らばる可能性をもつように事例を選択す
べきであるとの主張がなされている。

6　研究方法論の重要性

　本章では社会科学における質的な研究方法について概観した。ここでは特に、
因果推論や事例比較とそこにおける手続きやバイアスの問題について論じてき
た。方法論はそれそのものに関する議論だけでなく、実際の研究に応用するこ
とに大きな意義がある。ここで得たものをぜひ授業のレポートや卒業論文に取
り組む際に役立ててほしい。
　私たちは普段日頃から何かと何かを比べて評価を下すということを何気なく
行っている。昼ご飯はどのお店で食べようか、明日はどの服を着て外出しよう
か、来学期はどの授業を履修しようか等々、日常生活においても比較を通じて
意思決定を行う場面は多い。そのため、比較というものを改めて考えてみる機
会はそれほど頻繁にあるわけではないかもしれない。しかしながら、本章でみ
てきたとおり、事例の比較は社会科学研究の方法論において根幹をなすもので
あり、非常に重要なテーマである。またやっかいなことに、きちんとした手順
でこれを行わないと導き出される結論も大きく誤ったものになる危険性を孕ん
でいる。大学では講義などを通じてこれまでに先人が積み上げてきた知見を習

---

4)　このことは重要な変数を無視することよって生じるバイアスにつながることもある。ま
た、そうした変数が結果の差異に大きな影響を及ぼしている場合には、自己選択のバイアス
が存在する可能性もある（松林，2021）。

得するだけでなく、自らの研究によって何らかの新しいアウトプットを行うことが求められている。間違いを過度に恐れる必要はないが、自由な発想のもとで信頼性のある資料・データを適切な方法や手続きによって分析するといった堅実な研究を通して、社会や学術の発展に寄与することが理想の一つである。

　また当然のことながら、研究の方法は一つではない。第6章で取り上げられた量的な分析手法も現象の因果関係を把握するための有力な方法である。質的、量的な分析方法にはそれぞれに利点と欠点がある。重要なのは、そうした特徴をきちんと理解し、目的に応じて適切な方法を選ぶことである。そのためには、各専門分野における知識だけでなく、研究の方法論にも関心を持ち、また自覚的であってほしい。

参考文献

ジョージ，A., ベネット，A. 著，泉川泰博訳（2013）『社会科学のケース・スタディ——理論形成のための定性的手法』. 勁草書房.

加藤淳子・境家史郎・山本健太郎編（2014）『政治学の方法』. 有斐閣.

キング，G., コヘイン，R・O., ヴァーバ，S. 著，真渕勝監訳（2004）『社会科学のリサーチ・デザイン——定性的研究における科学的推論』. 勁草書房.

久保慶一・末近浩太・高橋百合子（2016）『比較政治学の考え方』. 有斐閣.

久米郁男（2013）『原因を推論する——政治分析方法論のすゝめ』. 有斐閣.

河野勝（2002）「比較政治学の方法論——なぜ、なにを、どのように比較するか」河野勝・岩崎正洋編『アクセス比較政治学』（pp. 1-16）. 日本経済評論社.

高根正昭（1979）『創造の方法学』. 講談社.

松林哲也（2021）『政治学と因果推論』. 岩波書店.

第8章
社会科学系論文の書き方

1　論文を書くということ

　「研究」と「学習」の一番の違いは、研究にはアウト・プット（成果）が求められることにある。ただ「資料を探した」、「論文を読んだ」、「分析方法を学んだ」だけでは研究とは言えない。その意味で「論文を書く」という、今まで学んできたことを研究としてまとめるための方法について本章で扱うことになる。

　論文を書くというと、初めて取り組む際にはハードルが高く、難しい作業のように感じるかもしれない。しかし、そのようなことは全くない。論文には、基本となる構成、守るべきルールがきちんと決められており、その手順通りに取り組めば誰でも体裁の整った論文を書くことができる。その意味で、研究内容には独自性が必要とされるが、論文にまとめるという作業において独自性は不要であるといえる。

　本章では、論文の基本的な構造について説明したうえで、文献の引用方法、参考文献リストの作成方法、そして最後により良い論文を書くためのコツについて説明する。

2　論文の基本構造

　まず、論文を書く際にはそのタイトルを決めなければ行けない。初学者はタイトルを軽視しがちであるが、それがどのような論文なのか示していなければ

読んで貰えないし、中身と全く異なっていれば期待する読者の手に届かない可能性が高くなり、手にした読者からはその研究としての評価を著しく下げてしまう。当然のことだが、タイトルは中身を正しく反映し、その論文の特徴が分かるものでなければならない。筆者の過去の研究を例にとると、松島他（2016）のタイトルは「現在の幸福度と将来への希望」でサブタイトルが「幸福度指標の政策的活用」である。このタイトルからは、幸福度指標の政策的活用を目的として現在の幸福度と将来への希望について研究を行っていることが分かる。また、筆者のようにデータ分析を主に行う研究者は立福（2013）のタイトル「社会経済的地位が壮年期女性の健康に与える影響」とサブタイトル「動学的パネルデータによる実証」のように、どのようなデータを用いてどのような分析をしたのかが分かるようにタイトルをつけることもある。

　もちろん、論文を書き終えた後により適切なタイトルに変更することはあるかもしれないが、どのような研究を行うかを明らかにするという点で初めからタイトルは付けておいた方が良い。

　次に以下では、論文の構造として、Introduction（導入部）、Methods（方法）、Results（結果）、Discussion（検討）からなる IMRD 構造を紹介する。

2-1　Introduction（導入部）

　ここで扱うものは、「研究背景」、「研究目的」、「先行研究」、「オリジナリティ」、「リサーチ・クエスチョン」、「仮説」である。これは、論文では 1 つの章として扱っても良いが第 1 章「はじめに」[1] として、「研究背景」、「研究目的」を記述したうえで、第 2 章「先行研究・仮説」[2] として、「先行研究」、「オリジナリティ」、「リサーチ・クエスチョン」、「仮説」を記述した方が良い。では、具体的にどのようなことを書いていくかについて説明する。

1）「はじめに」はどのような研究背景があり，そのためにどのような研究を行おうとしているのか内容を反映したタイトルをつけても良い。本章では「第 1 章」、「第 2 章」というように「章」という表現を使っているが、「章」ではなく「節」という区分を行う場合もある。
2）　これも，第 2 章「先行研究」として先行研究を記述し，第 3 章「仮説」としても残りを記述しても良い。全体の章ごとのバランス等を踏まえて柔軟に対応して良い。

　まず、社会科学系の論文において「はじめに」では、研究者が何について問題と思っており、その問題の現状についてまとめる。たとえば、「高齢ドライバーの交通事故と免許返納」の関係について研究を行おうと考えたときには、「研究背景」として高齢ドライバーの交通事故の状況、免許返納の状況について調べてまとめる。そのうえで、「研究目的」としてどのような状況を問題だと思っており、どの部分を明らかにしようとするのかを記述する。

　次に「先行研究・仮説」では、先行研究を整理し、その論文のオリジナリティ、リサーチ・クエスチョン、明らかにする仮説について記述する。ここでは、先行研究でどのような指摘がされているのかについてまとめ、「先行研究で指摘・解決されていない問題で自分が問題だと思うこと」[3]について指摘したうえで、リサーチ・クエスチョンを立て、それを明らかにするために検証が必要な仮説[4]について説明することとなる。

2-2　Methods（方法）

　ここでは、「研究デザイン」、「データ」[5]を扱う。これも、「研究方法・データ」として1つの章にまとめても良いし、「研究方法」、「データ」と2つに分けても良い。ここで、「研究デザイン」とは、検証すべき仮説についてどのような手法を用いるかについて記述する。また、検証にデータを用いる場合はそのデータについても説明を行う。具体的には、なぜ仮説検証にそのデータを用いるのか、その特徴や優位性について説明することが求められる。なお独自調査のデータを用いる場合には、データ収集の方法についてより詳しく説明し、研究に用いるデータのサンプルサイズや平均値、最大値、最小値などの記述統計量や類似調査との違いなど傾向を説明する必要がある。

---

3)　この部分が「オリジナリティ」となるが，政策研究の場合には法制度の変化や諸外国との比較などが一般的かもしれない。
4)　なお，ここでの仮説は，「予想」ではないので先行研究や既存の理論に基づくものでなければならない。
5)　理論研究の場合には，ここに理論展開を記述する。

2-3　Results（結果）

　次に、ここでは「仮説検証の結果」について記述する。用いる方法によって、この部分の記載方法は変わる。さらに、図・表等を上手く使用しビジュアル的にも理解が進むように記述することが望ましい。しかし、図・表等を用いた場合にも「結果は図の通りである」だけでなく、その部分について説明を記述する必要がある。また、結果については何がどこまで言えているのかという点にも注意して記述することが求められる。

2-4　Discussion（検討）

　最後に、ここでは「検討」もしくは、「考察」について記述する。扱うのは、「結果の解釈」、「先行研究との違い」、「分析の限界」、「政策インプリケーション（提言）」である。まず、研究結果から明らかになった事実について解釈を加えたうえで、先行研究と同様の結果が得られたのか、異なる結果が得られたのかについて検討を加える。ここで、特に異なる結果となったときにはなぜその違いが生じたのかにいても詳しく解釈を行う。なお、多くの研究手法には限界があることから、この研究では明らかになっていないことについても記述することは、今後の研究に向けた重要な指摘であり、研究者自身が限界を理解しているとのアピールにもなるので記述すべきである。最後に、政策トピックスを扱う研究では、実際に政府の行っている政策と関連させて政策インプリケーションを記述することも、論文の価値を高めるという点から有効である。

3　文献の引用方法と参考文献リストの作成

　論文を書く際に、最も守らなければならないルールは、文献の引用に関するものである。このルールを守ることができないという罪は、研究者の世界では大変重く罰も厳しい。

　なお、本章では社会科学系論文の引用方法について説明するため、専門分野が異なる場合には、必ずしもこの通りではないことをあらかじめ断っておきた

い。また、文献の引用方法や参考文献リストには学術雑誌ごとにフォーマット[6]が決まっているので、それに合わせて作成することが基本となる。

3-1　文献の引用方法

引用には、文献の一部をそのまま引用する「直接引用」と、引用する文献を簡潔にまとめたものを引用する「間接引用」の2つがある。

直接引用は「」で括って以下のように記述する。なお、直接引用は長くとも2行以内に収めるようにする[7]。それよりも長くなる場合は、間接引用を行う。

　　　日本での多くの研究において，ソーシャル・キャピタルとは，「心の外部性を伴った信頼、互酬性の規範、ネットワーク」（稲葉，2005）と定義されている。

間接引用は以下のように記述する。

　　　犯罪発生の社会経済要因について大竹・小原（2010）は，失業率が犯罪発生率に影響を与えていることを指摘するとともに，その影響は貧困率の方が大きいことを指摘している。

引用の方法で示した例文には、（稲葉，2005）、大竹・小原（2010）のように文献の情報を示している。たとえば、（稲葉，2005）とは稲葉という人が2005年に書いた著作からの引用であることを示している。文中にこのように示された文献の正確な情報は次節で説明する文献リストにより詳しく整理して記述す

---

6)　法学関係も含めた国内のものとして法律編集者懇話会（2014）「法律文献等の出典の表示方法（2014 年版）」，海外の社会科学一般のものとして American Psychological Association（2019）. *Publication Manual of the American Psychological Association, 7th edition* があり，日本でもこれを基本にアレンジされたフォーマットを採用している学術雑誌が多い。

7)　それ以上長い場合は，ブロック引用という方法もある。しかし，近年では他の論文との一致率が高いものを盗用として扱うことが一般化しており，専門ソフトを用いて機械的に一致率を求めることから長文の引用は控えた方が良い。

る必要がある。

　また、このような方式とは別に引用文に注釈番号を付け、情報を脚注として入れることもある。ただし、その場合にも文献リストは必要となる。

3-2　参考文献リストの作成

　参考文献リストには引用文献のみを記載する。一部には引用していなくても「読んで勉強をして参考にした」という考え方もあるらしいが、参考にしたのであれば引用すべきである。ここではその一例について説明する。それは、①表記の順番は、著者名、出版年、著書名（論文タイトル＋掲載書籍・雑誌名＋雑誌の場合ページ数）、出版元の順とする。②著者名は、日本人以外であっても姓名の順に書く。③参考文献が 2 行以上にまたがる場合は、2 行目以降を全角 2 文字分（半角 4 文字分）字下げする。④アルファベット、算用数字、記号は半角を使用する。⑤メインタイトルとサブタイトルの区切りは、日本語文献の場合はハイフン（-）、英語の場合はコロン（:）を用いる。では、具体的に見ていく。

　日本語書籍の場合には、以下のように記載する。

　　杉本竜也（2022）『自由を考える――西洋政治思想史』．日本経済評論社．

　また、複数人の著者が分担して執筆しているような書籍の 1 章を引用する場合には、以下のように記載する。

　　浅井直哉（2021）「自民党における総裁選出過程の変容」，岩崎正洋編『議
　　　会制民主主義の揺らぎ』第 4 章，（pp. 85-110）．勁草書房．

　日本語論文の場合には、以下のように記載する。なお、参考文献リストでは執筆者が複数いる場合でも、そのすべてを記載した方が良い。

　　赤井伸郎，竹本亨（2015）「道路インフラの将来更新費と自治体別の財政

　負担——都道府県管理の道路を対象とした推計」,『フィナンシャル・
レビュー』124, pp. 113-140.

　翻訳の場合には、以下のように記載する。なお、翻訳の場合は監訳者のみを
記述するのみで良い。

　　レオポルド・デイヴィッド, スティアーズ・マーク著, 山岡 龍一, 松元
　　雅和監訳（2011）『政治理論入門——方法とアプローチ』. 慶應義塾大
　　学出版会.

　新聞記事の社説等筆者名が分からない場合は、以下のように記載する。

　　朝日新聞（2022）「社説」, 10 月 30 日朝刊.

　また、新聞記事の筆者名が分かる場合には、以下のように記載する。

　　加藤暁子（2020）「ワクチン主導権、綱引き　特許権プール活用、工夫を」,
　　『毎日新聞』, 6 月 21 日朝刊.

　英語書籍の場合には、以下のように記載する。なお、書籍のタイトルはイタ
リック（斜字体）で記載する。

　　Frey Bruno S. and Stutzer Alois.（2002）*Happiness and Economics, How
　　the Economy and Institutions Affect Well-Being.* Princeton University
　　Press.

　英語論文の場合には、以下のように記載する。なお、論文では雑誌名をイタ
リックで記載する。

　　Asal Victor, Ayres William R. and Kubota Yuichi.（2019）Friends in High

Places: State Support for Violent and Nonviolent Ethnopolitical Organizations. *Dynamics of Asymmetric Conflict,* 12(3), pp. 208-222.

　最後に、インターネット情報の場合には、以下のように記載する。なお、インターネット情報の場合は、閲覧した日付をいれるようにする。それは、インターネット情報は、アップデート等による内容の変更や場合によっては削除されることがあるからである。念のために当該ページをプリントして保存しておくことを勧める。

　　総務省（2022）「令和 3 年社会生活基本調査の結果」，『総務省ホームページ』．〈https://www.stat.go.jp/data/shakai/2021/kekka.html〉2022 年 10 月 31 日閲覧

　これらの文献を整理する方法について説明する。日本語文献と英語文献とを分けてリストを作成する方法と区別しない方法があり、これは好みの問題である。日本語文献と英語文献を分ける場合には、日本語文献を第一著者の姓の 50 音順で整理した後に、英語文献を第一著者の姓（ファミリーネーム）のアルファベット順に整理する。区別しない場合は、第一著者の姓（ファミリーネーム）のアルファベット順に整理する。なお、同一著者の文献の場合には、共著者が異なるときは第 2 著者の姓の順に、単著もしくは共著者も同じ場合には出版年の古い順に並べる。また、出版年も同じ場合には、（2022a）、（2022b）、（2022c）のように区別する。

4　論文を書く上でのコツ

　ここまで、論文の構成と文献の取り扱いについて説明してきた。これらは、はじめに述べたように「基本となる構成」、「守るべきルール」である。そのうえで、社会科学系論文を書くうえでのコツを 4 つ紹介したい。

4-1　用語の定義

　まず初めに、用語の定義を厳密に行うということである。社会科学の研究の
メインは論理性にある。論理的に文章を展開するためには、その用語が何を意
味しているのかを正確に理解して記述する必要がある。たとえば、「幸福度」
といったときに何を指すのかということである。筆者のような経済学者が「幸
福度」といった時には、多くの場合アンケート調査で「あなたはいま幸せです
か」と聞いて、5もしくは10段階で得た回答のことを指す。しかし、哲学者
にとって「幸福度」、「幸福」とはそのようなものではないかもしれない。また、
アンケート調査でも質問文や選択肢[8]によってその意味は大きく変わる。読み
手としても、重要な用語が何を指しているか不明確な論文は読み難い。

4-2　図表の挿入

　次に図表の作成・挿入方法である。筆者はグラフなどの図と表を表計算ソフ
ト（エクセル）で作成し、簡略図はプレゼンテーションソフト（パワーポイン
ト）で作成することが多い。図表は下部に「右揃え」で出所を示した上で、図
1、表1のように番号を付けた「タイトル」を、図の場合は下部に、表の場合
は上部に、それぞれ「中央揃え」でいれる必要がある。

　それでは、具体的に図の挿入方法について説明する。エクセルで作成した図
はワードの「貼り付けのオプション」から「図」として挿入する。その際、図
8-1で示すようにグラフエリアの枠線は消す。

　次に、表についても図と同様の方法で挿入する。また、表8-1で示すよう作
成の際にはすべての枠線を描くのではなく、必要な枠線のみを用いる[9]。

　図表の作成は、慣れるまでは手間に感じることが多いと思われる。しかし、
図表の作成は自分の理解や知識の整理の助けになることが多い。また、データ
を扱う研究では、図を作成することでリサーチ・クエスチョンや仮説が思い浮

---

8)　幸福度など主観に関するアンケートの場合，「ふつう」という選択肢を入れるかどうか
は，研究者の悩みどころである。
9)　表計算ソフト（エクセル）で作成した場合，「表示」タブから目盛り線を消すこと。

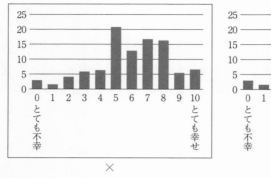 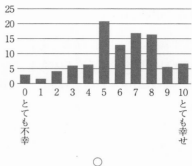

出所　筆者作成。

図8-1　図の挿入方法

表8-1　表の挿入方法

全体（n=1046）		％
1	良い	18.7
2	まあ良い	29.8
3	普通	33.6
4	あまり良くない	12.6
5	良くない	5.3

×

全体（n=1046）		％
1	良い	18.7
2	まあ良い	29.8
3	普通	33.6
4	あまり良くない	12.6
5	良くない	5.3

○

出所　筆者作成。

かぶこともある[10]。

4-3　脚注の利用

　3つ目は、脚注の付け方についてである。これについて筆者は、文字数やページ数の制限がなく、初めて自分で書く際[11]には脚注を用いずに執筆することを勧める。必要な情報は、基本的に本文に記述すべきである。その後、ゼミ

---

[10]　図から研究の気づきを得たものとして，経済学では幸福度の「イースタリン・パラドックス」や，インフレ率と失業率の関係を示した「フィリップス曲線」がよく知られている。

の指導教員の先生などから本文の一部を脚注とするようにアドバイスを受けた場合には、そのように対応すれば良い。むしろ、本文に書くべき情報を脚注に記載することは避けなければならない。

4-4　書き終わったら（まとめにかえて）

　最後は、書いた論文を自分で通読するということである。自分で書いた文章を自分で読むという作業は慣れるまでは正直なところ辛いものがある。筆者も大学院修士課程までは、本当に嫌で嫌でしょうがなかった。しかし、自分が読んでいない（読むのが辛い）文章を人に読ませるというのは、なかなかに酷いことをやっていると自省してからは嫌でも取り組むようになり、大学院博士課程になる頃には克服していた。みなさんの中で研究者になる方は少数だろうから、克服するまで到達することは難しいかもしれないが、辛くても通読に取り組んでもらいたい。また、その際には「自分でこう書いた」という先入観を持たずに読むことが重要である。そのような先入観は読み手にとって理解しづらい表現を見落としてしまう可能性を高めてしまう。

　最後に、より詳しく論文の書き方を学ぶために、渡邉（2015）と小浜・木村（2011）を紹介しておく。論文の書き方は学んで終わりではなく、書くための第1歩である。2歩目、3歩目と歩みを続けていくことを期待してまとめとしたい。

参考文献

赤井伸郎，竹本亨（2015）「道路インフラの将来更新費と自治体別の財政負担──都道府県管理の道路を対象とした推計」，『フィナンシャル・レビュー』124, pp. 113-140.

American Psychological Association (2019). *Publication Manual of the American Psychological Association 7th edition.* Washington, D. C.: American Psychological Association.

朝日新聞（2022）「社説」，2022年10月30日付朝刊.

浅井直哉（2021）「自民党における総裁選出過程の変容」，岩崎正洋編『議会制民主主義の揺らぎ』第4章，(pp. 85-110). 勁草書房.

---

11)　筆者としては，大学の学部に限らず，大学院修士課程までは脚注を用いない方が良いと考える。ここでいう「脚注」は、文献の引用を示すのではなく、本文の内容に関係する情報を記載することを意味している。

Asal Victor, Ayres William R. and Kubota Yuichi. (2019) Friends in High Places: State Support for Violent and Nonviolent Ethnopolitical Organizations. *Dynamics of Asymmetric Conflict*, 12(3), pp. 208-222.

Frey Bruno S. and Stutzer Alois. (2002) *Happiness and Economics, How the Economy and Institutions Affect Well-Being*. Princeton: Princeton University Press.

法律編集者懇話会（2014）「法律文献等の出典の表示方法（2014 年版）」，NPO 法人法教育支援センターホームページ.

稲葉陽二（2005）「ソーシャル・キャピタルの経済的含意——心の外部性とどう向き合うか」，『計画行政』28(4)，pp. 17-22.

加藤暁子（2020）「ワクチン主導権、綱引き　特許権プール活用、工夫を」，『毎日新聞』，2020 年 6 月 21 日付東京朝刊.

小浜裕久，木村福成（2011）『経済論文の作法——勉強の仕方・レポートの書き方』. 日本評論社.

レオポルド・デイヴィッド，スティアーズ・マーク著，山岡龍一，松元雅和監訳（2011）『政治理論入門——方法とアプローチ』. 慶應義塾大学出版会.

松島みどり，立福家徳，伊角彩，山内直人（2016）「現在の幸福度と将来への希望——幸福度指標の政策的活用」，『日本経済研究』No. 73(1)，pp. 31-56.

大竹文雄，小原美紀（2010）「失業率と犯罪発生率の関係——時系列および都道府県別パネル分析」『犯罪社会学研究』35，pp. 54-71.

総務省（2022）「令和 3 年社会生活基本調査の結果」，『総務省ホームページ』.〈https://www.stat.go.jp/data/shakai/2021/kekka.html〉2022 年 10 月 31 日閲覧

杉本竜也（2022）『自由を考える——西洋政治思想史』. 日本経済評論社.

立福家徳（2013）「社会経済的地位が壮年期女性の健康に与える影響——動学的パネルデータによる実証」，『医療経済研究』24(2)，pp. 157-168.

渡邉淳子（2015）『大学生のための論文・レポートの論理的な書き方』. 研究社.

第9章
法学系論文の書き方

1　法学系ゼミナールにおいて卒業論文を書く場面を想定して

　「法学系」といっても、そのジャンルは非常に幅が広い。「六法」と一般に呼ばれる法分野（憲法、民法、商法、刑法、民事訴訟法、刑事訴訟法）だけでなく、労働法や経済法、知的財産法、社会保障法、環境法、国際法など多岐にわたり、そうした法の根底を探究する基礎法学や法政策学的な分野（たとえば刑事政策学）にまで、法学系の範囲は及ぶ。このため、各分野において論文を書く上での重要な事柄が存在している。そうした細かな点は、ゼミナール担当の先生から学んでいただきたい。

　ここでは、総じて法学系論文を書く上で重要なポイントについて、日本大学法学部の平均的な学生の視線に立って考えてみたい。とくに卒業論文に焦点を当てるのは、学生の多くが厚みのある文章を書くことを初めて体験し、またおそらく、こうした経験が人生において最後になるものが、卒業論文だからである。

2　裁判例を素材に卒業論文を書いてみる

　多くの学生は最近起きている時事的な事件を選択しようとする。しかし、その事件を調べていくと、いろんな難しい問題点があることに気づく。問題の難しさの前に尻込みをしてしまい、本当に論文が書けるのか、不安を抱く。

　そもそも何が問題なのかも法学系はなかなか感じ難いところがある。身近に

紛争があったり、その紛争の当事者であったりすると、「授業で語られていたあのことはこういうことなのだ」と考えることも可能であろう。しかし、そうした紛争とは無縁で平和な生活を送ってきた人ほど、法の授業において語られてきた論点が他人事のように聞こえてしまい、問題意識を持ちづらくなる。

　そこで、卒論のテーマ選びに悩んでいる人は、ぜひ裁判例を素材に卒論を書くことをおすすめしたい。裁判例の中でも次のような特徴のあるものを素材にしてみるとよい。

　第一に、裁判所ごとに判断が割れた事件を選んでみるということである。原告の勝敗訴、被告人の有罪無罪が、裁判所ごとに分かれた事件である。法的判断の異なる判決文を読み込んでみると、法的判断が割れた論拠がみえてくる。神の目から見れば真実は一つであるはずなのに、問題解決に当たって重要と捉えた事実が裁判所ごとに異なる。そうした違いが出てきた理由を探ることにより、何が問題なのかを意識しやすくなる。

　第二に、各法分野における基本論点に関わる判例を素材にすることである。そうした論点はそれぞれの法分野の存在理由をめぐる対立にも連なることが多い。基本問題を考え抜いていくことにより、「こういう問題が起きたらどうなるのだろうか」という疑問もわいてくるに違いない。こうして、基本論点の背後にある見解の対立を考え抜くことにより、その法分野を深く理解することができるだけでなく、論理的思考力も養える。

　以上の方法をとることにより、研究テーマを限定することができる。この限定はとても重要である。なぜならテーマが漠然としていると、何を攻めればよいか絞りきれず考えがまとまらないだけでなく、文献調査も膨大なものとなってしまい、卒論に費やしうる期間内に論文をまとめることが不可能になるからである。

3　条文

　素材として取り上げる裁判は、いかなる法の条文の解釈をめぐって争われたのかをまず確認する必要がある。法の重要な役割とは、事件を解決するための重要な規範であることである。

　事件を解決するためには、二つの作業が必要である。第一に、条文の内容を
はっきりさせる（条文の解釈）ことである。第二に、条文の内容に対応する事
実（法的に重要な事実）が事件に存在するかを確認する（条文の適用）。このふ
たつのことは、じつは法分野の講義における主な内容であったのである。

　たとえば法律の規定を眺めると、日本語で書かれているのだから、誰が読ん
でもその中身は一通りで理解されるはずであると思ってしまう。しかし、条文
の文言をどう解するかをめぐり、さまざまな議論が交わされている。こうした
条文の解釈論は、すべて事件の解決のために戦わされているといってよい。し
かも条文の解釈論は、過去の裁判例で裁判所が示した法的判断や将来起こる事
例のあるべき解決、さらにそうした論点をめぐる学説の議論状況をふまえて展
開される。卒業論文を書く段階においては、こうした基礎知識は、講義やゼミ
ナールで一通り学生は学んでいる（はずである）。

　したがって、卒論を書く素材とした裁判例において、どの条文の解釈をめぐ
って争われたのかを、まず確認しなければならない。手元にある六法を引いて、
その条文の文言をめぐってどのような解釈論が展開されているか、講義やゼミ
で学んだことやテキストを読んで学んだことを、あらかじめ確かめておこう。

4　先行研究・裁判例を集め、議論を整理する

　素材を決めた後にするやるべき作業は文献の渉 猟（しょうりょう）である。自分の研究テー
マをめぐって、これまでどのような議論が展開され、どのような見解が存在し
ているのかを知る作業である。これが卒論を書く作業のうち、8 割を占めると
考えてよいほどに重要な作業である。この作業を通らずして卒論は書けない。

　この作業の重要さを学生は理解できていないことが多い。自分が決めた研究
テーマに取り組むのは、誰をもさしおいて自分が初めてである、ということは、
ありえない。たとえば、時事的法問題を素材にする学生がよく口にするのは、
関係する文献がない、という嘆きである。もちろん、あまりにも時事的である
から、その問題に関する資料は新聞などのメディア上の情報しかないこともあ
ろう。しかし、ほとんどの場合、その素材を取りあげることを決めた学生は、
その問題における論点を発見できていない。しかも、その論点をめぐって、さ

まざまな議論が長きにわたって交わされているのが普通なのである。

　先行研究の渉猟が面倒だと考えている学生に共通していることとして、あまりにも自分の無知さを痛感するにいたり、だんだん文献を集めるのも読むのもいやになるということがある。じつは、このようなことは研究者である教員も同じく体験している。こここそ、とても重要な局面である。無知な自分を情けなく思うのではなく、むしろ、ここで新しい知を会得しようと、ギヤを前進に切り替え、アクセルを一杯に踏み込むことが肝要である。先行研究を渉猟することによって、まさに目からうろこが落ちる経験をたくさん積むことが卒論を書くための肥やしとなる。

5　資料の収集および分析

5-1　裁判例

　情報技術の発達により、裁判例の収集はそうとう楽になり、網羅的に調査することが可能となった。とくに第一法規の「D1-Law」の「判例体系」は論点ごとに裁判例が搭載され、その論点をめぐって裁判所がどう判断してきたか、その時系列的な流れを追うことができる。LEX／DB インターネット（TKC 法律情報データベース）においては、様々な検索ツールを用いて裁判例を調査することができ、判例のファイルを入手することができる（二つのデータベースは学内であれば法学部図書館の電子ジャーナルから利用することができる）。これらのデータベースには、その裁判例に関して学者がコメントした判例評釈の情報も入手できる。最高裁の裁判例について最高裁判所調査官が解説する最高裁判所判例解説（民事編、刑事編）の情報も得られる。こうして、文献を芋づる式に渉猟するための情報を得る。

　デジタル時代においては裁判例を賢く収集することができるようになった。しかし、やはり忘れてはならないのは、図書館に赴いて判例集（最高裁判所民事判例集、最高裁判所刑事判例集など）に直接当たることである。こうした裁判例のデータベースが見落としている資料が、その原典である判例集に載っているということが、たまにある。

　裁判例を読むときは、まず次の点に注意したい。すなわち裁判所が認定した事実とそれに対する裁判所の判断を見落とさないことである。むかしは、裁判例は悪文の代表格とされたこともあったが、最近の裁判例はとてもわかりやすい文章で書かれているので、読みやすいと思う。複雑な事件については、事実を認定するに至るさまざまな事実（たとえば自然科学的な事柄など）にも言及されているので、裁判例のページ数が膨大になるときもある。そういうときにこそ、上の点を必ず見つけ出して読むようにしてほしい。卒論を書くための時間は限られているので、最初から最後まで読む、という姿勢は捨てよう。

　つぎに、いろんな角度から裁判例の意義を考えてみよう。たとえば、もし過去に類似の裁判例があるときは、時系列的に並べてみて、裁判所の判断に変化がないかを見るのも興味深い。先に示した D1-Law の判例体系を使うと、そういう判例の分析もすることができる。判決・決定文に過去の裁判例が引用されているときもあるので、これも必ず参照するようにしよう。

5-2　学説（法学者の見解）

　卒論の素材として選んだ裁判例について、法学者たちはどう考えているかも決して無視をしてはならない。法学者とは、法の来し方行く末を日々考えている人たちである。皆さんのゼミの担当教員は身近な法学者である。

　先に示した判例評釈には参考文献の情報が列挙されており、ここからさらに関連する論文などが掲載されている法律雑誌（判例時報や判例タイムズ、ジュリスト、法律時報、法学教室、法学セミナーなど）や大学の紀要（各大学学部で発行している学術雑誌。日本大学法学部なら『日本法学』）の情報も得られる。これらをあわせ読むことにより、次のことが見えてくる。すなわち、裁判の争点は何だったのか、なぜそれが争点になったのか、その争点をめぐってどのような考え方があって、いかなる議論が交わされているのか、である。こうした文献に触れることを通じて、日ごろ勉強している法的知識が裁判例と関係していることを感じることができたら、卒論の勉強がうまく進んでいると考えてよい。

　法学者の書いた論文は一読してもなかなか内容が飲み込めないこともあろう。正確を期するために言葉が厳密に用いられるため、どうしても難しい言葉を使

わざるをえないのである。ここは歯を食いしばって、法律用語辞典や教科書な
どを傍らに置いて、読み込んでいこう。最初は理解するのに精一杯になるかも
しれないが、次第に習得した知識がそれぞれ結びついて、裁判において問題と
なった論点をめぐる議論がどのような状況になっているかが、見えてくるよう
になる。

6　考察する作業——日本社会の法的ルールを考える姿勢で

　文献を渉猟し、過去の裁判例やそれに関する論文を読み、内容の理解を進め
ていくにつれ、徐々に、自分の見解が形成されていくことになる。
　ここで気をつけなければならないことがある。それは、決して自分の好みで
私見をまとめてはならない、ということである。それは、いわば自分の好き嫌
いという感情で法的ルールを考えてしまうことにつながる。法的ルールに違反
する者に対しては制裁が課される。民法なら損害賠償、刑法なら刑罰である。
こうした法的制裁は、それが加えられる人にとっては苦痛である。しかも法的
制裁を動かすのは国家権力であり、違反者に対する制裁は必ず国家権力により
実現される。こうした重大事を自分の感情だけで決めるのは、あまりにも幼稚
であり、そうした発想の中に独裁者的なものさえも感じる。
　多くの学生は、先行研究を分析していくにしたがい、当初の自分の考えが変
わっていくことを経験するであろう。裁判所の判決は間違っているのではない
か、裁判所の判断は正しいが理由付けが足りないのではないか、と思うことも
あるであろう。勉強によって、当初の自分の考えが変容することは、すこぶる
勉強が進んでいることの証である。不安ではなく、自信を持ってほしい。卒論
の完成に向けてレールが敷かれたと考えてほしい。
　ある論点について自分はどう考えるのか。ある裁判について自分はどういう
意見を持つのか。いくつかの見解が対立する中で、自分の立場を決めていかな
ければならない。その決め手はどうしたらよいか。少し大げさかもしれないが、
「日本社会の法的ルール」はどうあるべきか、どういう法的ルールにすること
がこの世の平和に寄与するのか、そんなことを考えながら、私見を決めていこ
う。それぞれの見解に備わる長所と短所を冷静に見極めながら、この世で人々

が暮らす上で幸せな道を決めていこう。こうした価値判断を抜きにして、法学系の論文を書くことはできない。

　私見を書いていく際に気をつけたいのは、私見と反対する見解とどのように付き合うか、である。私見に説得力を持たせたいのなら、反対説を、反対説を説く学者以上に理解するようにしてほしい。100パーセント間違っている見解はあり得ないし、完全無欠に正しい見解もあるはずがない。反対説にも良さが必ずあるはずなのである。反対説も反対するなりの理屈があるのである。反対説のよさ・理屈を正確に理解して、反対説を批判してほしい。いいかえれば、反対説も認めざるを得ない論拠を示せることが、説得力ある論文を書くために必要なことといいうる。

7　文章は誤読されないように書く

　たまに文章を気取った風に書こうとする学生がいる。そうしようとするときに、えてしてやりがちなのが、曖昧な言葉を使ってしまう、ということである。これでは、複数の理解が可能となってしまい、読み手に自分の見解が伝わらなくなってしまう。そうすると、この学生は何を論文で言いたいのかがわからなくなってしまう。一文がすごく長すぎて、何が言いたいのか読み取れないということもある。前の部分と後の部分で主張に矛盾した記述がある場合、その人の書き癖として、たいてい一文が長すぎる、という傾向がある。

　法学系の文章を書くときは、文体を気取ることなく、一文は短くして、一読して誤読されない文章を書くように心がけよう。文章に自信のない人はゼミの先生に自分の書いた文章を読んでもらうとよい。他者の目が入る（耳に痛いコメントもあるだろう）ことで、明晰な文章を書くことができるようになっていく。

8　卒論発表会において──質問に誠実に応える

　多くのゼミでは卒論提出後に、卒論発表会があるのではないかと思う。同期の仲間や後輩たちの前で、自分の見解を発表する機会である。なぜその論文を書こうと思ったのか、それに対する私見、その根拠を、その場で述べることに

なるであろう。

　卒論発表において、質疑応答があることを前提に、アドバイスしたいことがある。それは、どんな質問に対しても誠実に応答する、ということである。誠実に応答するとは、どういうことか。それは、質問を理解した上で、自分が考えるところを、隠さずごまかさず、述べていくことである。予想外の質問がきて、それが、じつは重要な質問であったとき、質問者に感謝しよう。自分は完璧だと考えて私見を述べたが、そうでないということに、質疑応答で気づかせてくれたからである。これを恥だと考えている学生は少なくない。しかし、それは恥ではない。質問した人はその発表をよく聞いて理解してくれた人である。だから質問をしてくれる。見落とした点を指摘してくれることにより、自分の見聞がもっと広げられ、私見に対する考察もより深められる。

法学系の論文を書く上での参考文献

　最近では数多くの参考書が出版されているので、ネット書店や書店で、まず自分の目で確かめてほしい。ここでは、こういう本を備えておくと、卒論だけでなく、その後も重宝するだろう書物を示す。

　判例や論文などの情報収集・分析の手引きとして、いしかわまりこ・藤井康子・村井のり子（初宿信・齋藤正彰監修）『リーガル・リサーチ（第5版）』（日本評論社、2016年）、田髙寛貴・原田昌和・秋山靖浩『リーガル・リサーチ＆レポート（第2版）』（有斐閣、2019年）がある。

　判例の読み方については、昔から読み継がれているものとして、中野次雄『判例とその読み方（三訂版）』（有斐閣、2009年）がある。入門編としては、青木人志『判例の読み方』（有斐閣、2017年）がある。

　法的文章の書き方を教授するものとして、井田良・佐渡島沙織・山野目章夫『法を学ぶ人のための文章作法（第2版）』（有斐閣、2019年）があり、そこから卒論を書くときに気をつけるべきことが実践的に学べることであろう。

第 10 章
ゼミナールでの学びと
ゼミナール論文

1　ゼミナールとは

1-1　大学らしい学びの空間

　大学は高校までとは異なり、教育機関であると同時に研究機関でもある[1]。研究者である教員は、学問研究を通じて社会に貢献するとともに、最新の研究成果を学生に提示し、学生にも研究に参画させることを通じて教育する。「教育と研究の結合」こそ大学教育の特徴なのである。

　そうした大学らしい学びの空間がゼミナール（略称「ゼミ」）である。ここではゼミナールを〈特定の学問分野について、教員と学生のあいだ、および学生間の緊密な対話のもとに探求を重ねるなかで、知識だけではない総合的な能力・資質の向上を図る少人数教育、およびそこでの教員と学生からなる学問共同体〉と定義しておく[2]。

　ゼミナール教育は、18世紀のドイツで始まった。中世までのような既存の知

---

1)　大学について、教育基本法第7条は「大学は、学術の中心として、高い教養と専門的能力を培うとともに、深く真理を探究して新たな知見を創造し、これらの成果を広く社会に提供することにより、社会の発展に寄与するものとする。大学については、自主性、自律性その他の大学における教育及び研究の特性が尊重されなければならない」としている。また学校教育法第83条では「大学は、学術の中心として、広く知識を授けるとともに、深く専門の学芸を教授研究し、知的、道徳的及び応用的能力を展開させることを目的とする。大学は、その目的を実現するための教育研究を行ない、その成果を広く社会に提供することにより、社会の発展に寄与するものとする」と規定されている。

識を一方的に教授するだけの大学教育に対して、未知の知識を教員と学生が対話的に探求する新しい教育方法としてゼミナールが生まれ、欧米の大学に広がっていった。日本でも明治以来、大学教育にゼミナールが取り入れられ、その教育効果が広く認められており、現在では全国の人文・社会科学系の学部のほとんどで、教養教育や専門教育のカリキュラムにゼミナールが組み込まれているのである（西野，2022: 41, 71）。

　それでは、ゼミナールの特徴を講義との比較で考えてみよう。

1-2　講義の学び

　大学の授業の中心は、30 人から 100 人、あるいはそれ以上の人数で行われる講義型授業である。学生は教員による 15 回の講義を聞き、ノートを取り、教科書・参考書を使って理解を深め、学んだことを試験でアウトプットして評価を受け、単位を取得する。学生は講義型授業をカリキュラムにしたがって履修し、幅広い教養や各分野の専門的知識を体系的に身につけることができるのである。講義型授業は知識の伝達と定着を効率良く行う点で優れた授業スタイルで、学生は、知識の習得だけでなく、講義で語られる最新の研究成果や問題意識に触発されて、自分の問題意識を養っていくことができるのである。

　しかしながら講義型授業では、一対多の一方通行で対話を欠き、学生はどうしても受け身の姿勢になりがちである。

1-3　ゼミナールの学び

　それに対しゼミナールは、少人数制の演習型（参加型）授業である。日本大学法学部の場合、ある教員の専門ゼミ（研究室）に所属すると、3〜4 年次の 2 年間にわたり、同じ教員の指導の下に、同学年の 10〜15 人の固定メンバー（ゼミ生）とともに学ぶことになる。そして毎回のゼミナールは、学生による口頭発表と討論を中心に進められる。内容としては、専攻分野に関する研究書

2）　西野（2022）による「学生─教員間および学生─学生間の緊密な対話によって知識・技能・態度を総合的に育成することを目指す少人数教育」（p. 68）という定義を参考にした。

や研究論文を共通テキストとして精読する文献講読や、判例の意義や問題点を検討する判例研究などを進めるなかで、専門的知識を身に付け、問題意識を深めていく。その上で、学生が主体的に決定したテーマについて、共同研究や個人研究を進めていくことになる。学生は自分たちで集めた資料やデータに基づき考察をかさね、調査・研究の成果をゼミナールで発表する。その際にはレジュメ（プリント）やパワーポイント（スライド）を使って、キーワードを強調しながら、あるいは写真やグラフなどを示しながら、身振りなども交えつつ、わかりやすく自分たちの研究成果を伝える。続く質疑応答や討論では、発表内容に対するさまざまな疑問や異なった意見が出される。こうした対話の中で、学生たちは、多様な考え方や価値観に触れ、自らの思い込みを相対化し、現実に対する認識を深め、創造的なアイディアを生み出していく。こうした主体的で、対話的で、創造的な学びこそがゼミナール教育の最大の特徴である。

　研究内容だけでなく、学修スタイルも実に多様である。ゼミによってはフィールドワークや調査実習をおこなったり、模擬裁判に取り組む場合もある。学園祭で研究発表をするゼミも多く、また他大学のゼミと合同ゼミをおこなったり、ディベート大会や政策提案コンテストに参加するゼミもある。

　こうしたゼミナールでの学びの充実は、学生の主体性に負うところがとても大きい。研究テーマを決めるのはもちろん、ゼミナールの進行や企画の実行、ゼミ合宿やゼミ生募集といった行事の運営も学生主体に行われるのである。

1-4　ゼミで身につくもの

　ゼミナールでの学びは、特定分野の専門知識を身につけるだけではない。学生は研究→発表→討論→研究…というサイクルで探究を深化させていくなかで、さまざまな汎用的な能力や資質を身に付けていくのである。問題意識や課題発見能力を養い、情報収集力や批判的読解力・分析力、論理的な思考力や創造的な発想力、的確な表現力といった知的な能力が鍛えられていくであろう。さらには直面する課題の解決に前向きに取り組む意欲や粘り強さ、他者との対話や協働の術を身に付けることだろう。これらの力は社会に出て、どんな職業やどんな場所にあっても、役に立つことだろう。

　ゼミナールは2年間にわたる教員と学生からなる学問共同体である。教員と学生、あるいは学生どうしは、週に一度のゼミナールの時間だけでなく、オフィスアワーやミーティングで顔をあわせ、そのほか宴会やレクリエーション、合宿・旅行などのゼミ行事もあり、多くの時間を共にするのである。こうして、メンバーがお互いの理解と信頼を深めることで、活発な討論や研究上の協力が可能になるし、教員は学生の関心や個性を深く理解して、それに合わせた研究指導ができるのである。ここで生まれる絆や友情は、ゼミナールでの経験や成長の記憶とともに、卒業後も長く続いていくことになる。

1-4　ゼミナールを選ぶ

　日本大学法学部は「社会科学の総合学部」としての実質を持っており、ゼミナールで研究できる学問分野の幅の広さと指導教員の多彩さは、他の法学部にはない誇るべき特質である。しかも学生は所属の学科・コースに縛られることなく、法律学系、政治学系、経済学系、新聞学系、社会文化学系という5つの「学系」に分類されるすべてのゼミナールの中から、自分の関心にしたがって、自由に志願先を選択できるという制度の柔軟さがある。

　もっとも100を遙かに超えるゼミナールがあるので、あれこれと迷ってしまうのがふつうである。卒業までの2年間を過ごすゼミナール。そこでの学びを実りあるものにするために、自分の希望との「ミスマッチ」は避けたい。自分は何を研究したいか、どんなスタイルの学びがしたいのか、自問自答してみよう。その上で、関心のあるゼミの説明会や公開ゼミに足を運んで、各ゼミナールの特徴をよく知り、教員や先輩とも相談しながら、慎重に検討し、十分に納得のいく選択をしたいものである。

2　ゼミナール論文を書く

　ゼミナールでは、4年次になると教員の指導のもとに個人研究を進め、研究成果をまとめたゼミナール論文（以下ゼミ論）を卒業までに提出することが求められる（他大学の卒業論文＝卒論と同じ）。ゼミ論は、ゼミナールでの学修の

証であるとともに、大学での学びの総決算をかたちにした〈記念碑〉といえる。時間をかけ、苦労を重ねてのゼミ論執筆を通じて、学生たちはさまざまな能力を身につけ、そして自信をつけていく。いわばゼミ論提出は、学生を終えて一人前の社会人になるための〈通過儀礼〉ともいえるのである。

▌2-1　ゼミナール論文とは何か

　そもそもゼミ論とは何かについて、レポートと比較しながら考えてみよう。

　レポートは、学期の途中や学期末に、各授業の成績評価を目的として課せられる課題である。そこでは授業での学修の成果、すなわち授業で身につけるべき知識や技能の修得度が問われるが、必ずしも高いオリジナリティ（独自性）が問われるわけではない。与えられた課題について調べたことをまとめたり、課題図書の内容を要約・論評することが求められる。レポート締切までの日数は数週間から1ヵ月程度であり、字数は2000字から4000字程度である。

　それに対しゼミ論は、ゼミナールでの研究成果に基づく研究論文である。他人から与えられた課題ではなく、自らの問題関心に基づいて研究対象・テーマを定め、具体的な「問い」（リサーチ・クエスチョン）を設定するのである。そして自分で収集した質的資料（文献や各種資料、インタビュー、観察記録など）や量的資料（統計データやアンケート結果など）といった確かな根拠に基づき、論理的な考察や仮説の検証を重ね、自分が立てた「問い」に対して、自分なりの「答え」を提示すること、これが研究論文の目的である。

　これまで知られていることに対し、どれだけ意味のある知識を、どれだけの説得力をもって付け加えることができたかで、論文の価値が決まる。ゼミ論において、学界の研究論文の水準は求められないにしても、確かな根拠に基づき、論理整合性のある論述がなされた、オリジナルな論文である必要がある（他人の成果を自分の成果であると偽ることは、「剽窃」といって厳しく禁じられているが、これはレポートも論文も同じである）。

　研究・執筆にかける手間や時間の長さも、レポートとは大きく異なる。ゼミ論は、調査・研究と執筆に4年生の1年間をかけて行う長期戦であり、その間に指導教員との話し合いやゼミナールでの中間報告を重ねることになる。ゼミナ

ールでは、そのテーマで研究することの意義が問われ、データの分析や解釈、立論の妥当性をめぐって討論が行われる。その結果、研究方法や研究テーマの見直しが必要になることも普通である。調査や執筆の過程ではゼミ生をはじめ、多くの人のアドバイスや協力を仰ぐことになる。つまり、ゼミ論はゼミナールでの共同作業の産物でもあり、この点でもレポートとは異なるのである。

　したがって論文の分量はレポートより遙かに多くなる。ゼミによって異なるが、2 万字以上求められるのもふつうである。長大な文章だから、あらかじめ構成をよく考え、計画的に執筆していく必要がある。多くの人にとって、これだけの長い論理的な文章を書く機会というのは、最初で最後になるかもしれない。

2-2　ゼミ論を書くことの意味

　そもそもゼミ論を書くことにどんな意味があるのだろうか。

　第一に、その執筆によって、自分の専門性をより高められることがあげられる。執筆過程では、テーマに即した高度な専門知識を身につけ、それを論文で掲げた課題の解決に活用していくことになる。つまりここで身につけた知識は、活用能力を伴った「生きた知識」となるのである。

　第二に、論理的な思考力や判断力、文書作成力や表現力などの汎用的な能力が身につくことである。情報を鵜呑みにせず、根拠に基づいて自分の頭で考えるという批判的・合理的な精神も鍛えられるし、論理的で明晰な文章を書けるようになるだろう。

　しかし、ゼミ論執筆の意味は、それだけではない。

　歴史学者の阿部謹也は、学生時代に卒業論文のテーマに悩み、その相談のために指導教員である上原専禄（歴史学者・思想家）の自宅を訪ねた時のことを著書『自分の中に歴史を読む』の中に書いている。

　　先生は私がローマ史をやりたいといえば、「それは結構ですね」という具合で、特に反対もせず、かといってそれをやれともおっしゃってくださらないのです。いろいろ話をしているうちに先生はふと次のようにいわれたので

す。「どんな問題をやるにせよ、それをやらなければ生きてゆけないという
テーマを探すのですね」（阿部，1988: 13）

このように突き放されて、阿部はますます考え込んでしまった。彼には「い
かに食べるか」こそが人生の大問題で、「それをやらなければ生きてゆけない
というテーマ」など自分にはありえないと思っていた。しかし、しばらく考え
続けた挙げ句、ある気づきを得るのである。

　　何ひとつ書物を読まず、何も考えずに生きてゆけるか、と逆に自分に問い
　を発してみたのです。するとその問いには容易に答えが出たのです。そんな
　生活はできないということが体の奥底から納得できたのです。
　　そういうわけで、「それをやらなければ生きてゆけないテーマ」を卒業論
　文で見つけ、それを扱うという結果にはなりませんでしたが、そのような方
　向で一生その問題を探し続けるという姿勢のようなものはできたように思い
　ます。（阿部，1988: 16）

こうして阿部は卒論の執筆を通じて、自分の生き方を定めていくことになっ
たのである。
　本書ではこんなエピソードも紹介されている。上原専禄はゼミナールで学生
の発表を聞くと、いつも「それでいったい何が解ったことになるのですか」と
問うたそうだ。ある時学生が「解る」とはどういうことかと尋ねると、上原は
「解るということはそれによって自分が変わるということでしょう」と述べた
という（阿部，1988: 17）。
　表面的に「知る」だけでは人間は変わらないが、「解る」とは自分の内面に
影響を与える何かであるはずで、「自分が変わった」と言えるまで考え抜きな
さい、というのである。
　なにやら禅問答のようではあるが、上原に学ぶとするならば、「それをやら
なければ生きてゆけないテーマ」になるかはともかく、研究テーマは自分の内
側から自分の力で見出すこと、そのテーマに自分の力で一生懸命に取り組むな
かで、自己の変化（成長）を感じ取っていくこと。こうして「いかに生きるか」

ということに自覚的な自立した個人へと成長することこそが、ゼミ論に取り組む最大の意味なのではないかと思う。

　自立した「自分」というものを持っていることは、仕事や日々の生活のなかで求められる判断や人生の岐路における決断において、人まかせにしたり、状況に流されたり、ブレたりしないために、とても重要なことである。ゼミ論の執筆を通じて、人間的な自立がもたらされるとするなら、それを書くことの意味はとても大きいと言えるだろう。

2-3　論文を書くために

(1) 問いの大切さと難しさ

　4年生になって、ゼミ論を書くにあたっての最初の難関は、テーマと「問い」を設定することである。テーマや「問い」の良し悪しが、論文の出来を左右するといっても過言ではない。

　学生は漠然としたものであったとしても、「……を研究したい」「……なのはなぜなのか知りたい」「……にはどうしたらいいかを考えたい」といった問題意識を持って、ゼミナールの門を叩いただろう。しかし、いざ論文を構想するにあたり、探究する価値のある「問い」を具体的につくることは、簡単なようでとても難しいことである。

　阿部謹也がそうであったように「それをやらなければ生きてゆけないというテーマ」に行き着くのは大変なことだが、「自分らしいテーマを自分の頭で考えなさい」というメッセージは、ゼミ論を書こうとする学生には大切なことである。1年間かけて、これまで書いたことのないような長い論文を書くのだから、それだけの意欲や粘り強さが、自分の内側から湧いてくるような、そんなテーマを選ぶことが大切である。

(2) 問題意識を養う

　問題意識は、一朝一夕には生まれない。1年生のうちから、「何を学びたいのか」「どんな問題を解決したいのか」といったことを意識しながら、幅広い事柄に関心をもち、疑問や意見を持つようにしたいものである。

　問題意識を養うには授業を大切にすることの他に、新聞や雑誌に目を通したり、幅広い分野の本を読むことが大切である。学内外の講演会やシンポジウムに出かけたり、資料館や展示会を見に行ったり、映画や音楽などの芸術に触れるなど、社会や文化へのアンテナも磨いてこう。都市型大学である本学の地の利を生かして、都内各所の大学や公共施設、文化施設などに積極的に動いていこう。

　授業や読書、講演会などの際には、内容のメモだけでなく、感想やコメントを自分のノートやメモアプリに残しておく癖をつけよう。ブログやSNSに書くのもよいだろう。その際、新しく知った情報や知識だけでなく、ものの見方や考え方に付いての気付き、なぜこう言えるのだろう？という疑問、よくわからないという違和感、見方を変えたり、他と比較すると「このように言えるのではないか」という意見、もっと詳しく知りたいこと、考えたい課題を記録しておくと、あとできっと役に立つし、なにより自分の頭で考える癖をつけることになる。

　こういう繰り返しの中で問題意識を養い、研究したい事柄（テーマ）が見えてきたら、それを「問い」の形（疑問形の文章）にして見よう。それを人に話してみると、さまざまな気づきが得られることだろう。知的な活動を通じて得た気づきや問題意識について、語り合えるような友人を作ることはとても大切である。

　なお、アイディアや意見、疑問は、自然に浮かんでくるものではなく、意識的に作るものである。「ボーっと生きてんじゃねーよ！」と叱られる前に、能動的に頭を動かす時間を増やしていこう。

(3) 先行研究を読む

　テーマが見えてきたら、それに関連する研究書や論文を集めてみよう。あるテーマについて、すでに研究された成果を先行研究という。研究書や論文の注や参考文献リストを見ると、そこから芋づる式に、取り上げるべき文献がわかる。研究の道しるべとなることを目的とした書物もある。それらを見て、関連しそうな文献はリストにして整理しておく。先行研究を集めたら、どのような研究があり、どんな学説があるのか、何が論争点になっているのか、まだ明ら

かにされていないことは何か、学説に問題点はないかなどを検討してみよう。

(4) 問いを立てる際の留意点

　取り上げるテーマに関して、論文の中で具体的に探究し答えを出すべき「問い」をリサーチ・クエスチョンというが、それを作るにあたって留意すべき事柄をいくつか述べておくことにしよう。

　第一に、調べればすぐに答えが出るような問いは扱わないということである。「2021 年の日本の人口は何人か」という問いは統計書を見ればわかるので論文にはならない。しかし「新型コロナウィルスのパンデミックが日本の人口分布にどのような影響を与えたか？」（中川，2021）という問いは、未知の事柄であり、研究に価する問いということになる。古い時代のことならともかく、現代のことについて「いつ、どこで、誰が、何を」のような単純な事実確認に過ぎない問いは論文にはならず、「なぜ、どのようにして」といったより高次で複雑な考察が必要な問いがもとめられる。

　第二に、解答不能な問いは扱わないということである。「人はいかに生きるべきか」「政治とは何か」という問いは、考えるに値する問いではあるものの、限られた時間で答えを出すことは不可能である。また語学力不足や資料が入手不可能などの理由で、卒業までに手に負えないようなテーマは断念せざるをえないだろう。

　第三に、社会的・学問的に意義のある「問い」を選ぶことである。「自分が推すアイドルがもっとメジャーになるにはどうしたらいいか？」という問いは、ファンにとっては重要でも、学問的に意義ある問いとはいえない。しかし「日本のファンはなぜアイドルの「未熟さ」を愛でるのか」という問いは、「未熟さ」をめぐる日本文化の社会学的研究の問いとなっている（オクサナ，2019）。

　「問い」が見つかったら、「これについて先行研究ではここまでわかっているが、この点はわかっていないので、この問いについて研究を行う」「先行研究ではこうした問題点があるので、それを解決するためにこの問いについて研究する」という形で、自分がどのような知見を先行研究に付け加えようとしているかを意義づけることが必要である。

(5) 研究計画を立てる

　すくなくとも4年生の初めまでにゼミ論の構想をゼミナールで発表する機会があるだろう。どんな問題意識で、どんなテーマを扱うのか、リサーチ・クエスチョンは何か、主要な先行研究とその問題点、採用する研究方法や利用する主要な資料など、その時点での構想をプレゼンするが、同時に論文完成までの研究計画も示す必要がある。

　4年生になると履修する授業は少なくなるが、就職活動や公務員試験、資格試験の受験、教育実習などで忙しさを増す。サークル活動や友人との交流など、大学生活の思い出作りにとっても重要な1年である。しかし、忙しい中でも研究を後回しにせず、より良い論文、自分の納得のいく論文にしようという意識を保ち続けてほしい。大雑把で良いし、絶えず修正を迫られることにもなるが、忙しい自分を律するためにも、4年次の初めにゼミ論の完成に向けての研究と執筆の計画を立てるべきである。

　計画をたてる際には締切から逆算して考える。たとえば2万字の論文を書こうとするなら、2000字のレポート10本分の分量となるから、それに必要な執筆期間と推敲する期間をまず考える。それに間に合うように研究を終え、おおよそアウトラインを固めるのはいつにするかが決まるであろう。そのために資料収集やインタビュー、アンケートなどの調査、資料の読み込みやデータの集計とその分析の活動をいつ、どれくらいの期間行うか、その間の中間発表をいつやるか。このように締切から逆算して研究計画を立てるのである。その際には、夏休みのような時間が取れる時期に何をするかとか、就活や試験、実習、学園祭など、あらかじめ決まっている行事・活動予定を念頭に置いておくことを忘れないように。

2-4　研究を進める

(1) 資料収集と分析

　テーマと「問い」（リサーチ・クエスチョン）が定まったら、その「問い」に答えを出すために必要となる資料や参考文献を集めよう。誰かの手で加工・解釈される以前の情報＝生の資料を一次資料といい、一次資料に加工や解釈の手

が加わった文献や研究書を二次資料という。それらの信頼性や含まれるバイアス（歪み・偏り）を判断し、資料としての価値を見定めながら（これを資料批判という）、それらを読み込んでいく。資料や参考文献の重要な箇所や必要になりそうな情報は、要約したり抜き書きして研究ノートや資料カードに蓄積しておこう。資料・参考文献を読んで気づいたことや解釈、論点といったアイディアも一緒に書いておくとよい。数量データは表やグラフにして、さまざまな角度から分析し、解釈や気づきをメモしておく。なお、研究ノートや資料カードは紙に手書きでもいいが、Word や Excel、Evernote などの PC ソフトで作ると、執筆の際に便利である。

　集めた資料や蓄積したアイディアは、リサーチ・クエスチョンに合わせて設定した指標で分類して、まとまりにしていく。必要に応じてまとまりを修正したり、下位の分類で細分化していく。大・小のまとまりには適切なタイトルや命題を付けていくのだが、これらのまとまりが後に章や節に発展していくことになる。

(2) アウトラインを作る

　資料とアイディアのまとまりを作る中で、「問い」に対する「答え」が見えてきたら、そこに至る論理の道筋・流れ＝アウトラインを作っていこう。アウトラインには

　①章・節・項のタイトル
　②章・節・項で論述する内容（論点・命題）の箇条書き
　③論述の根拠となる資料の要点や引用元情報

を記述していく。これらは試行錯誤しながら頻繁に並べ替える必要があるので、作業には Word などの文書作成ソフトを使い、カット＆ペーストを駆使する。

　アウトラインを作ると、全体の流れや構造が見えてきて、論理や根拠の弱いところ、調査の足りないところが発見できるので、論を補強するために、追加の資料収集や資料・参考文献の読み込みを進める。アウトラインの修正・並べ

替えは論文の完成まで繰り返し行われることだろう。またこのアウトラインは即、中間報告の時のレジュメになる。

2-5　論文の執筆

(1)　書けるところから書け

　論文は書けるところから書くことを心がけてほしい。研究の過程では中間報告や指導教員との話し合いを繰り返し、調査・文献収集で論拠を補強しながら、内容を修正する作業が続いていくだろう。アウトラインをすべて固めて、冒頭から書き始めることにこだわっていては、締切に間に合わなくなることは必至である。結論がどう変化しようとも変わらない、内容が固まったところから書いていくのが良い。

(2)　パラグラフ・ライティング

　執筆はアウトラインの箇条書き・資料引用をふくらませる形で文章化していくが、わかりやすい論文にするために「パラグラフ・ライティング」を心がけるべきである。そのルールは

①一つの話題（トピックス）について一つのパラグラフ（形式段落）で構成する
②各パラグラフの先頭には、パラグラフで言わんとすることの要約ないし命題となる一文（トピック・センテンス）を置く
③それ以後にはそのトピック・センテンスの根拠（エビデンス）や補足説明となる文（サポート・センテンス）を置く（引用資料や図表はここに含まれる）
④各パラグラフのトピック・センテンスが論理的につながるように並べる

というものである。これは論理的な文章を書く技法であるが、各段落の先頭文だけを読めば論理展開の要約が可能な、わかりやすい、読者に親切な文章になるのである。

(3) かたちを真似る

　次に論文の構成であるが、序論（はじめに）・本論（3 から 5 章分）・結論（おわりに）という構成が基本である。ただ、それぞれの部分をどのように展開するかについては、各研究分野に独特のかたちがあるので、先行研究をよく読んで、研究スタイルや資料分析の方法、論理の展開や叙述の仕方を学び、それを真似ていけばよい。わからないことがあったら指導教員や大学院生の先輩に相談しよう。

(4) 序論

　まず序論は本論に入る前の前置きであるが、

　　①テーマの提示（「本論文は……を明らかにすることを課題とする」）
　　②テーマ設定の背景となる問題意識やテーマの意義づけ
　　③先行研究の整理と批判（問題点の指摘）
　　④リサーチ・クエスチョンの設定（論点や仮説の提示）
　　⑤研究方法と使用する資料の紹介
　　⑥論証の流れ（論文の構成）の予告

といった内容を書くのが普通である。序論は論文の意義・目的を提示することで、読者の理解を助けることはもちろんであるが、シャープで明晰な論文にするためには、執筆者自身にとっても大切な部分である。

(5) 本論の展開

　本論部分は、リサーチ・クエスチョンに対する答えを導くための論証を展開する。自分が主張したい論・立場について、確かな根拠を提示し、論理整合的な考察を重ねて、その妥当性を証明していくのである。

　各研究分野によって、さまざまな研究スタイルがあり、それに即した本論の展開や叙述の仕方がある。たとえば、先行研究で示されてきた理論・命題から導かれる仮説を立て、それをもってある事実が説明可能かどうかを検証する研究（仮説検証型）があるし、資料にもとづいて事実を明らかにし、その事実の

意義づけを行う研究（事実発見型）もある。また仮説の検証結果や明らかになった事実を総合して、新たな理論や命題を提起するような研究（仮説構築型）もある。実際には、自分の研究テーマやリサーチ・クエスチョンの立て方によって、研究スタイルを選択し、組み合わせることになるだろう。

注意しなければならないのは、自分の論にとって都合の良い資料や理論ばかりを取り上げて論じては、説得力を弱める結果になることである。むしろ自分の論に対立する事実や立場を紹介・検討したうえで、対立する諸事実を同時に説明する論を提示したり、二つの立場を調和する、より高次の論を導くことで、説得力を持った論にすることができるのである。

(6) 結論
論文をまとめ、「問い」（リサーチ・クエスチョン）に対する自分なりの「答え」を提示する部分である。論文では以下のような内容が書かれる。

①これまでの論の振り返り（要約）
②論の総括（まとめ）をして、「問い」に対する「答え」を書く。
③論文の「答え」について、先行研究との関係で意義付け、またより「大きな問い」（問題意識）の解明への示唆などに触れる。
④論文の限界・問題点や残された課題を述べる。

ここではまとめに徹し、新たに議論をすることはしない。

(7) 脚注、図表・文献リスト
脚注は論文にとって極めて重要なもので、各章末に付ける場合もあれば、論文の最後に付ける場合もある。また論文で使用した図表の出典リスト、および論文のなかで使用した文献や資料の書誌情報を記した文献リストは巻末につける。

(8) あとがきのススメ
さらに巻末には「あとがき」をつけることをおすすめする。お世話になった

人たちへの謝辞だけでなく、なぜこのような論文が書かれたかの私的な背景や
ゼミ論執筆の苦労話、学生時代の軌跡やゼミナールの思い出、そして将来への
決意など、完成した時の素直な気持ちをつづった、少し長めの「あとがき」を
書いてゼミ論の締めとしよう。こうしてゼミナール論文は、ゼミナールでの学
修の証であるだけでなく、学生時代の〈記念碑〉として輝きを増すことになる
はずである。

▌2-6　研究・執筆の1年間

　ゼミ論の提出までの1年は、どんなふうに進んでいくであろうか。

　3年の学年末試験が終わる頃は締め切り1年前であるが、春休みは4月の構
想発表の準備のために、とても大切な時期である。これまでに培った問題意識
をもとにテーマを絞りこみ、先行研究を読み込んでリサーチ・クエスチョンを
作らねばならない。資料が入手可能なのかをリサーチする必要もあるだろう。
試験が終わったら、すぐに取り掛かるべきである。

　構想発表を終えた4月から夏休みまでは勝負の時期である。就活が本格化し
忙しい中であるが、テーマやリサーチ・クエスチョンの練り直しを伴いながら、
調査・研究をじっくり進めていく時期である。資料の収集、文献や資料の読み
込みとデータ入力、資料分析はもちろんだが、特にアンケートやインタビュー
など、時間がかかる作業はこの時期に終えてしまいたい。中間報告をするたび
に、当初の構想を修正しなくてはならなくなるはずで、厳しい指摘を受け、研
究不足や見通しの甘さを痛感させられるかもしれないが。しかし凹んでなどい
られない。指摘をありがたいものと思って、謙虚に受け止め、前進を続けてい
こう。ここで頑張って研究の基礎固めをしておくと、秋以降が楽になるだろう。

　秋は追い込みの季節である。資料分析を進めつつ、アウトラインを作ってい
くが、構成が固まり、ゴールが見えてくるにつれ、足りないところも見えてく
るから、追加的な調査が必要になる。ゼミ生や指導教員に相談することも増え
てくるかもしれない。もちろん、書けるところは書き始めてよい。

　12月〜1月は執筆と推敲に集中する時期である。忘年会やクリスマス、お
正月と誘惑の多い時期だし、学年末試験もある。年末・年始に図書館が使えな

いことも織り込んでおかなくてはならない。そうしたなかでも執筆の時間をきちんと確保し、計画的に書き進めていき、締切1週間前までの完成を目指す。製本したゼミ論の提出を求められる場合は、その時間の確保も忘れずに。またPCやプリンターのトラブルなど不測の事態も想定し、早め早めの進行で余裕を作っておくべきである。

　指導教員の指定する方法で、ゼミ論を期日までに提出したら、学生生活最後の、そしてひょっとしたら最大のイベントが終了ということになる。入ゼミから2年間、研究・執筆に1年をかけた作品を前に、なんともいえない、なかなか他では味わえない達成感・満足感・充実感がこみ上げてくるはずだ。そしてここで身につけた能力と自信は、長くあなたの人生の充実にとって、力になってくれるはずである。

参考文献

阿部謹也（2007）『自分の中に歴史を読む』. 筑摩書房.

カキン・オクサナ「「未熟さ」を磨き、愛でる——ファン行動に見るアイドル育成の文化的側面」,『人間文化創成科学論叢』（お茶の水女子大学大学院人間文化創成科学研究科発行）21, pp. 223-230.

中川雅之（2021）「パンデミック、テレワーク、集積」,『計画行政』44(1), pp. 3-8.

西野毅朗（2022）『日本のゼミナール教育』. 玉川大学出版部.

溝上慎一（2006）『大学生の学び・入門——大学での勉強は役に立つ！』. 有斐閣.

第 11 章
大学におけるディスカッション・ブレーンストーミング・ディベート

　大学では様々な場面で話し合いをする機会があるだろう。最近では知識を獲得するだけではなく、その知識を共有し、活用するための方策として、アクティブ・ラーニングを用いた授業の重要性が高まっている。授業内では、グループワークのためのディスカッションやブレーンストーミングがよく行われ、ゼミナールではディベートや模擬裁判のような特定の場面における話し合いを行うこともある。

　ここでは、主に授業内で行われるディスカッション、ブレーンストーミング、ディベートの方法を学び、実際に授業で活用してもらいたい。

1　ディスカッション（discussion）

　ここでは授業内のディスカッションとして、授業科目で扱う課題テーマについての意見交換を想定してディスカッションの方策をみてゆこう。

　ディスカッションをする際には、話し合いの結果何を目指しているのかを意識して話し合うことが大切である。ディスカッションの目的として、たとえば以下のようなことが考えられる。

　①課題について何らかの結論を出すことを目的とする。
　②賛否両論あるテーマについて、それぞれのメリット・デメリットを掘り下げて議論する。

③テーマについて、様々な観点から話し合い、異なる観点や意見からテーマ
　について知見を広げることを目的とする。

②の賛否両論あるテーマについてディスカッションをする場合は、結論にお
いては以下のような形があるだろう。

　Ａ：それぞれのメリット・デメリットについて知見を広げることを目的とし
　　　て、どちらか一方に結論付けをしない。
　Ｂ：それぞれのメリット・デメリットについて知見を広げ、その上でどちら
　　　がより良いか結論づける。

　限られた時間の中で行われるディスカッションでは、できるだけ多くの考え
を効率よく共有することが求められる。ディスカッションを始める前に参加者
全員が以下のような留意点をあらかじめ意識しておくと、そのディスカッショ
ンは有意義なものになるだろう。
　ディスカッションの場合は、司会役を決める。司会役の役割は、

　Ａ：扱うテーマについて改めて説明して参加者全員が同じ理解をしているこ
　　　とを確認する。
　Ｂ：ディスカッションの目的・結論に向けて話し合いを進める。
　Ｃ：時間内に目的が達成できるよう話を進める。
　Ｄ：参加者全員がリラックスして発言できるような雰囲気作りを心がける。

といったことが挙げられる。
　たとえば、賛否両論あるテーマについては賛成派反対派にグループを分けて、
それぞれにメリット・デメリットを考えて発表してもらう。この際、賛否の人
数に偏りが出た場合は、実際に考えていることと反対であっても、ゲームだと
思ってあえて反対意見を代弁してもらうなどの工夫をすると話し合いがスムー
ズに進むだろう。
　テーマについて様々な観点から話し合う場合は、全員から意見を聞き、必要

に応じて主旨をまとめるなどして、全体の理解を助けることも司会の役割になってくる。

　参加者全員の役割は、

　A：テーマと目的に合わせて話が進むように協力する。その際、話が脱線しないように心がける。
　B：発言する時は、できるだけ簡潔にまた具体的に話をして自分の考えをはっきり述べる。そして、積極的に議論に参加する。
　C：他の人が発言している時は、遮らずに最後まで好意的な態度で聞く。
　D：他の人の意見を踏まえて発言する。
　E：必要に応じてメモを取る。

などが挙げられる。

　大勢で話し合いをすれば、意見や考え方が違うことは当然のことである。考え方の違う意見から、今まで考えたことがなかった角度から課題を考える可能性も生まれてくるだろう。しかし、他方で、意見の違いは不快感を生む原因にもなりうる。質の高いディスカッションをするため重要なことは、参加している人全員が安心して発言する雰囲気を作ることである。自分とは異なる見解にも真摯に興味を持って耳を傾け、それに対して自分の意見を言い、それがまた傾聴されることを繰り返す作業がディスカッションの大事な要素である。皆が躊躇することなく、自分の意見を述べることができれば、議論が活性化し、有意義な協働活動へつながってゆくだろう。

　また、Dの他の人の意見を踏まえて発言をする際には、以下の方策がある。

・前の発言を尊重し、建設的に論を進める。
・前の発言についてさらに聞きたいことがあれば、質問をする。
・意見が違う場合は相手の意見を尊重しつつ、自分の意見のどこが違うのか何故そう思うのかできるだけ具体的に話す。相手の人格を否定するようなことは言わない。

ディスカッションでは、参加者全員がそれぞれの立場でリーダーシップを取ることが大事である。ここでいうリーダーシップとは、課題を前進させるために自分がモーターの一部になって前へ動かすことを指す。全員がモーターを動かせば、それはグループとして大きな力になり、有益なディスカッションになるだろう。

2　ブレーンストーミング（brain storming）

大学におけるブレーンストーミングとは、たとえばレポートや研究の課題について、頭の中を整理し、さらに他の人の発想と自分の発想を掛け合わせることで新たな可能性を開拓するために他の人に手伝ってもらう一つの方策である。ビジネスなどでも集団発想法として活用されているが、ここでは、レポートやプレゼンテーション作成、あるいはグループワークのためのブレーンストーミングについてみてゆく。

2-1　レポートやプレゼンテーションのために知恵を借りるブレーンストーミングのやり方

小規模であれば、2名から数名で行う。これは個人的に授業外でも活用できる方策である。ゼミナールなどでは、レポートやゼミ論のためにプレゼンテーション形式を用いてゼミナール全員でブレーンストーミングを行うこともある。

A: レポート・プレゼンテーションを作成する人

課題・テーマの目的（レポートやテーマの結論・目指すところ）を説明する。

ブレーンストーミングの準備段階や話をしている中で自ずと明らかになってくることも多々あり、これもブレーンストーミングの有益な効果のひとつである。

今、自分がどこでつまづいているのか、どのようなことがわからないのかをできるだけ明らかに説明することを心がけると、必要とするアイデアを他の人からうまく引き出すことができる可能性が高くなる。

B: 参加している人に求められること

　たとえば、研究のための他の情報源、他の観点からのアプローチ、他の研究方法など、様々な可能性を提案する。

　積極的に質問をして、わかっていることとわかっていないこと、調査したほうが良いことなどを明らかにする。

　アイデアを出す際には、ためらわずにできるだけ多くの提案をすることが大切となる。新しいことを探ろうとする学問の世界では、採用されるアイデアより捨てられるアイデアの方がはるかに多いのは当然であるので、選択肢となるアイデアをできるだけたくさん出すことが、良い解決策への第一歩となる。

　最終的に、研究をしている人のその後作業が明確になり前に進めれば、成果があったと言える。

2-2　グループワークのためのブレーンストーミング

　グループワークのためのブレーンストーミングにはすでに述べたディスカッション形式を用いて話し合いをすることもある。

　ここでは、アイデアを出し合う方策として、ワールド・カフェ（日大「自主創造の基礎」の授業の一環として行われる学部横断授業）においても活用されているKJ法について紹介したい。KJ法は発案者の川喜田二郎（文化人類学者）のイニシアルをとって名付けられた、多くのアイデアを整理する方策である（川喜田，1967，1970）。ひとりで行うこともできるが、授業中はグループワークのブレーンストーミングに活用されている。多くのアイデアを出して、そのアイデアを整理してゆくことで扱うテーマについてどのような点を論じる必要があるか、どのように発展させてゆくのかを考えるのに有効な手段である。

授業中にテーマを決めて行うKJ法：数名で行う。

　Ａ：模造紙、ペン、付箋紙を用意する。
　Ｂ：グループで模造紙を囲む場合は模造紙の真ん中に、模造紙を壁などに貼って行う場合は上部にテーマを大きく書く。

C：参加者全員がテーマについて思いつくことをそれぞれ付箋紙に書いて模造紙に貼ってゆく。それぞれの参加者が別の色の付箋を用いて誰のアイデアかわかるようにすることもある。（一人おおよそ 10 枚程度を目安にすることが多い）

D：付箋紙が出揃ったところで、貼った付箋紙の内容に合わせていくつかのグループに分類し、それぞれのグループにタイトルをつけてゆく。

　複数の人のアイデアを一つの場所にできるだけ多く出して、グループ分けをしながら、それぞれのグループについて可視化すると、テーマがどのような論点を含んでいるのかが明確になってくる。ここで大事なことは、アイデアを分類をすることが KJ 法の目的ではなく、この作業を基盤にして、ここで出たアイデアをさらに発展させることである。

　KJ 法は、たとえば Zoom と Google Jamboard などを用いてオンラインで行うことも可能である。

3　ディベート（debate）

　ディベートは一つのテーマについて賛否両論を戦わせる議論の方法である。通常のディスカッションにおいて賛否両論別れる議論については、ディスカッションの項目で前述したが、ここでは、たとえば大学間で行われるディベート大会などのように試合形式で一定の様式に則って行われるディベートの方法について紹介する。試合形式のディベートとディスカッションの大きな違いは、ジャッジが勝敗を決めることである。

　大学生のディベート全国大会を開催している NPO 法人全日本ディベート連盟（CoDA）はアカデミック・ディベートを「ゲーム」として定義し、論題はたとえば、「日本は首都機能を東京から移転すべき。是か非か」というように、是非を問う形式を用いて政策などが取り上げられることが多い。

　試合として行われるディベートでは、論題に対して肯定側、否定側は自分の意見とは関係なく無作為に決められる。通常 2 人から 5 人程度のチームを編成してチーム戦となる。アメリカのいわゆる「大学方式」では 2 人で 1 チームで

行う。

　ディベートは準備をする期間が長く設定され、その間に自分たちの論拠となる証拠を探す時間が設けられるケースと、その場で論題が与えられるケースがある。

　ディベートの要素は、①立論、②質問（反対尋問）、③反駁である。

　それぞれのステージで発言権を持っているのはひとりだけで、他の人は途中で発言することができない。このように初めから発言者が決まっているところはディスカッションと大きく異なる点である。

　それぞれのステージの時間はその都度決めることができるが、大事なことは、双方の持ち時間を厳密に同じにすることである。

　また、証拠を提示するために、ディベートではパワーポイントなどを用いた画像を提示することもよくある。特に事前に準備時間が用意されている場合は、制限時間内に効果的に主張を展開するのに、図表などを有効に活用することができる。

　ディベートの勝敗は相手チームを言い負かすことで決まるのではなく、ジャッジをどれだけ説得することができたかによって決まる。ジャッジは双方の立論と反駁スピーチを元に、それぞれがどれだけ説得力があったかを基準にジャッジをする。試合におけるジャッジでは、たとえば、立論・証拠・説得力のある話し方などの採点項目を定めて参加者一人ずつに対して採点を行う方式が採用されることが多いが、授業中であれば、ディベートに参加していない学生全員による投票でジャッジをすることも可能である。

　ディベートの流れの一例を見てみよう。

参加者：肯定側チーム（数名）　否定側チーム（数名）

立論スピーチ
　肯定側第1立論（5分）
　　否定側反対尋問（2分）
　否定側第1立論（5分）
　　肯定側反対尋問（2分）

　肯定側第 2 立論（5 分）

　　否定側反対尋問（2 分）

　否定側第 2 立論（5 分）

　　肯定側反対尋問（2 分）

反駁スピーチ（最終弁論）

　否定側反駁スピーチ（3 分）

　肯定側反駁スピーチ（3 分）

　ジャッジにより勝者を決める

　ここで、大事なことは、立論スピーチにおいては、否定側が最後のスピーチを行い、反駁スピーチでは肯定側が最後のスピーチを行うことである。このようにすることで、片方に有利にジャッジが傾かないようにする工夫がされている。

　ジョン・M・エリクソン、J・マーフィー、レイモンド・バッド・ゼウシュナーによると、ディベートに必要な 7 つの能力は

① 情報を収集し着想をまとめる能力

② 重要な着想を選別する能力

③ 証拠資料を評価できる能力

④ 論理的関係を見抜く能力

⑤ 要点を押さえて考え、話す能力

⑥ 説得力のある話をする能力

⑦ 適応する能力

であるとしている（エリクソン，2000: 5f）。これらの能力はディベートだけなく、学問を進めて行く上での様々な場面においても重要な能力であると言える。

　以上見てきたように、ディスカッション、ブレーンストーミング、ディベー

トの手法を用いることで、今まで出会わなかった考えやアイデアに出会い、自らの考察を広げ・深めることが可能になり、ひとりで勉強するより、何倍もの経験値を獲得することができる。大学という学びの場を最大限に活用するために、多くの話し合いの場を有意義なものとして活用してもらいたい。

参考文献

NPO 法人全日本ディベート連盟 HP〈https://www.coda.or.jp/match/ ディベート大会 /〉2022 年 11 月 14 日閲覧.

川喜田二郎（1967）『発想法——創造性開発のために』. 中央公論新社.

川喜田二郎（1970）『続・発想法——KJ 法の展開と応用』. 中央公論新社.

ジョン・M. エリクソン，ジェームス・J. マーフィー，レイモンド・バッド・ゼウシュナー著、渡辺春美、木下哲朗訳（2000）『ディベートガイド——基礎からのディベート』. 渓水社.

中野美香（2021）『大学生からのグループ・ディスカッション入門』. ナカニシヤ出版.

日本大学法学部（2022）『自主創造の基礎』. 北樹出版.

宮澤正憲（2017）『東大教養部「考える力」教室』. クリエイティブ株式会社.

第 12 章
プレゼンテーション

　大学における学修に必要なアカデミック・スキルには、大別すれば「情報をインプットする技能」と「情報をアウトプットする技能」がある。

　本書ではここまでに、「情報の収集と整理」「研究資料の読み方」などインプットのための技法を扱ったうえで、仮説の立て方や分析のしかたについて学んだ。そのようにして得られた成果をアウトプットする手段として、前章までに「論文の書き方」やディスカッションなどの議論の方法を学んできた。

　これらを踏まえて、本章では、自ら問いを立てて考察した結果をアウトプットするための技能の一つとして、「プレゼンテーション」を扱う。すなわち、「研究成果の発表に際してどのような準備が必要なのか」、「プレゼンテーションを行うためにはどのようなことに注意すべきなのか」といったことを知り、実践をとおしてそれらを身につけることが本章の目的である。

　研究成果を発表する方法には「ポスター・プレゼンテーション」ないしは「ポスターセッション」と呼ばれる掲示方式のものもあるが、本章ではスライドショー方式でおこなう口頭発表について詳述する。ポスター発表は、自分の研究成果をまとめたポスターを貼って聞き手に説明する方法であり、一つの会場で複数の発表を同時に行うことができるメリットがある。口頭発表は、スクリーンにスライドを映写して聞き手に説明する方法であり、一度に大人数の聴衆に向けてプレゼンテーションを行うことができるメリットがある。

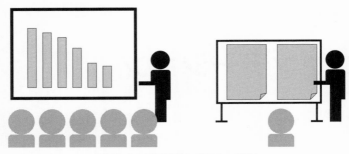

図 12-1　口頭発表とポスター発表

1　プレゼンテーションとは

1-1　プレゼンテーションの目的

　プレゼンテーションの目的は、端的に言えば、話し手が聞き手に対して情報を提供することにある。ここで重要となるのは、そうした行為が単なる情報伝達にとどまらず、聞き手の「理解」を促すことを意図していることである。話し手が、聞き手の側に「納得する」という態度変容を期待する点において、プレゼンテーションは説得的コミュニケーションの一つとして見做すことができる。もとより、他者から完全な理解を得ることは難しいが、聞き手から疑問点や意見をフィードバックしてもらうことで、自らの考察をより深める機会にもなる。プレゼンテーションは、聞き手との相互作用によって成立するものであることを前提に考えなければならない。もしも、プレゼンテーションが話し手の独りよがりなもので、聞き手に対する配慮を欠いた一方的なものであったら、どうだろうか。知的生産につながることはなく、双方にとって無意味な時間が浪費されることになるだろう。そうならないためにも、あらかじめプレゼンテーションを実施するうえで注意すべきポイントを知っておく必要がある。

　なお、本章では大学での学びで必要となるアカデミック・スキルとしてのプレゼンテーションを説明するが、プレゼンテーションのスキルは社会人にとっても重要であることを認識しておいてもらいたい。日本経団連の調査によれば

「採用の観点から、大卒者に特に期待する能力」として、多くの企業が「課題設定・解決能力」（80.1%）と「論理的思考力」（72.3%）をあげている（日本経済団体連合会，2022: 9-10）。一部の企業では、採用活動において「プレゼン面接」なる選考方法を取り入れており、これらの能力が試される場面の一つがプレゼンテーションであることは論をまたない。企業側は大学生に対して、自ら問いを発し、ロジカルに自分の考えを伝える能力を修得していることを期待しているのである。大学は就職のために存在するものではないが、こうした事実は、大学生のうちにプレゼンテーション・スキルを積極的に身につけようとする動機づけにもなるだろう。

1-2　プレゼンテーション用ソフトウェアの陥穽

　聞き手の理解を得るためには、言葉だけで伝えるよりも、図表や写真などの視覚に訴える資料を用いることが有効である。そのため、プレゼンテーションはスライドショー形式で実施されることが一般的であり、PowerPoint、Google Slides、Keynote、Prezi などのプレゼンテーション用ソフトウェアが利用されている。注意すべきは、自分がプレゼンテーションで使用するデータファイルが、発表本番で使用するパソコンで開けるかどうかを、あらかじめ確認しておくことである。データの提出が求められる場合においても、ファイルの拡張子が何であるのかを確認すべきである。たとえば、自前のパソコンで Keynote を使用している学生が、大学の授業で PowerPoint を用いるプレゼンテーションを行うことになった場合、PowerPoint で開くことができる拡張子（.ppt/.pptx）でデータを作成する必要がある。自前のノートパソコンを持ち込む場合でも、接続できる端子が何であるのか、ケーブルはあるのかといった点をあらかじめ確認しておかないと、当日にプロジェクターを使用できない可能性がある。

　プレゼンテーション用ソフトウェアの機能を活用することで、さまざまな表現が可能となる。箇条書きにした文字をスライドに映すだけの話し手よりも、アニメーション機能を駆使したり、動画や音声を挿入したりしたスライドを用いる話し手の方が、「プレゼン上手」に見えるかもしれない。しかし、本章で扱うプレゼンテーションのためのスキルとは、これらのソフトを活用する技術

的な能力のことではない。ICT スキルが重要であることは間違いないが、まず
はスライドショー形式で口頭発表を行う最低限の機能さえ使用できれば問題は
ない。

　学問の場におけるプレゼンテーションは、研究成果 research result（ないし
は研究計画 research proposal や予備研究 pilot study）を発表するものである。あ
る研究テーマの中で「自分が何を成し遂げたのか」を相手に伝えるための手段
なのであって、発表する行為そのものを目的化してはならない。たとえば、授
業やゼミで「○月○日にプレゼンテーションをするように」といった課題を出
されたとき、あなたが注力しなければならないことは、プレゼンテーションで
発表するための研究成果をしっかりとまとめることであって、凝ったスライド
をつくることではない。スライドの見栄えだけよくても、中身が伴わなければ
意味がない。繰り返し読むことができる論文とは異なり、一回性のプレゼンテー
ションはそれらしく見せることで誤魔化しが利きやすい。聞き手から数十分
もの時間を預かって発表するのだから、聞き手から「結局、何を言いたかった
の？」といった不興を買わないように、しっかり内容のともなった発表を心が
けてもらいたい。

2　プレゼンテーションの準備

2-1　発表タイトルを決める

　あなたが研究によって獲得した成果を発表する機会が、大学におけるプレゼ
ンテーションである。そこでは、解明すべき問題を提起し、それに対して考察
した結果を示されなければならない。つまり、プレゼンテーションでは「何を
問題としているのか」「その問題についてどのような結論を導いたのか」とい
った点を明確にする必要がある。

　そのため、プレゼンテーションの発表タイトルは、上述の「何を問題として
いるのか」といった研究視角と、「何を研究対象として考察したのか」といっ
た情報を端的に示したものであることが望ましい。発表内容を具体的に示すた
めには、副題をつけることも有用である。一見してどのような研究なのかが伝

わらないものは、発表タイトルとしての役割を十分に果たせていない。

それでは、次の4つの例のうち、発表タイトルだけを見て「何を問題としているのか」「何を研究対象として考察したのか」といったことを聞き手に伝えることができるのは、どれだろうか。検討してみてもらいたい。

（例1）（主題のみ）プレゼンテーションについて

（例2）（主題のみ）大学生とプレゼンテーション

（例3）（主題）大学生とプレゼンテーション

　　　　（副題）アンケートの分析をもとにした一考察

（例4）（主題）大学教育におけるプレゼンテーション実習の有効性

　　　　（副題）初年次教育科目における実践例と学生アンケートの分析から

当然のことながら、発表タイトルと結論がかみ合っていない「羊頭狗肉」の状態になってしまうことは論外である。そうした発表タイトルと内容のミスマッチが起こらないように、発表の準備段階では仮題を設定しておき、発表内容がすべて整った時点で、発表タイトルを最終的に決定するといった方法をとるのも良いだろう。

2-2　発表の構成を整える

プレゼンテーションの目的は、あなたの研究成果を聞き手に理解してもらうことである。問題意識を共有してもらったうえで、結論に至るまでの過程を理解してもらうためには、話の流れをわかりやすく整理する必要がある。最も基本的な構成は、論文と同様に「序論 - 本論 - 結論」の三部構成である。ここでは、社会科学における発表構成の一例を確認しておこう。

「序論」では、研究目的や背景を説明して「なぜ、この研究をする必要があるのか」ということを、聞き手に理解してもらうことが肝要である。具体的には、問題設定（リサーチ・クエスチョンの提示）、先行研究の批判的検討（これまでに何が明らかにされ、何が明らかにされていないのか）、採用する研究方法（仮説を証明するためにどのようなアプローチを取るのか）、研究対象（何を具体的事例

として検討するのか）といった要点を整理して伝える。

　「本論」は、序論で設定した問いについて、論拠となる具体例やデータを提示して自説を論証していく、プレゼンテーションの要となる要素である。ここでのポイントは、設定した問題と後に続く結論までの流れを直結させることである。論理の飛躍が起こらないように、本論であつかう研究結果は、結論を導くものでなければならない。その際、自分が研究をおこなった際には試行錯誤を重ねてまわり道をしたとしても、発表の際には聞き手にとって分かりやすいように、最短の合理的なルートで結論に導く必要がある。話し手が経験した紆余曲折を、そのまま聞き手に伝える必要はない。

　「結論」は、この研究を通して自分が明らかにした成果を示すものである。何を明らかにしたのかという成果の裏には、何を明らかにし得なかったのかという積み残された課題が存在する。それらを総括して、自分が成し遂げた研究の意義を説明することが重要である。

　ここまでに見たように、論文と同様に「序論 - 本論 - 結論」の構成を採ることで、論理展開が明瞭なプレゼンテーションを行うことができる。ただし、このような構成をとる場合、20 分以上の比較的まとまった発表時間があることが望ましい。割り当てられた発表時間が 5 〜 10 分と短い場合や、授業などで共通の課題が設定されていて話し手と聞き手とのあいだで問題に対する認識が共有できているような場合には、プレップ法（PREP 法）などの結論を先に述べる構成を採ることも有用である。

2-3　発表方法を確認する

使用機材

　前節 1-2 で触れたように、プレゼンテーションで使用するソフトウェアや機材について確認しておくことが大切である。使うつもりだった機材が使用できずに、発表当日に慌てるような事態は避けたい。

発表時間

　また、プレゼンテーションを行う場合、発表時間を把握しておく必要がある。

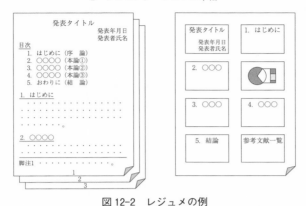

図 12-2　レジュメの例

決められた発表時間があれば、その制限時間内におさまるように準備しなければならない。時間をオーバーすることは避けなければならないが、発表時間を大幅に余らせてしまうことも問題である。割り当てられた発表時間を最大限に活かせるように、発表本番までにリハーサルを重ねることが重要である。

配布資料

　プレゼンテーションの際に事前資料（ハンドアウト）を配布することができるかどうかも、確認すべきポイントである。配布資料には、プレゼンテーションで使用するスライド資料をそのまま割り付け印刷をするケースもあるが、スライド資料とは別にレジュメを作成することもある（図 12-2 参照）。いずれにせよ、配布資料は聞き手の理解を促すことを意識して作成すべきである。たとえば、スライドでは表示しきれない統計データや長文の資料がある場合は、紙に印刷したものを配布して説明した方が理解を得やすいこともあるだろう。

2-4　スライドの作成

　口頭による説明だけで、専門的な知識を伝えることは難しい。そこで口頭発表では、伝えたい情報を視覚的に表現することで聞き手の理解をうながすために、スライドが用いられる。資料を 1 枚ずつスクリーンに投影しながら説明す

図 12-3　スライドの例

ることで、その場に参加している聞き手全員に「いま何について説明しているのか」「話のポイントがどこにあるのか」といった認識を共有してもらうことができる。百聞は一見にしかずというように、実物の写真やイラストを見てもらった方が理解してもらいやすい事柄もあるだろう。

　プレゼンテーションのスライドは、箇条書きなどで短い言葉にまとめ、図形（チャートなど）を用いて視認性を高めることが重要である。スライドに長い文章を表示するのは悪手でしかない。なぜなら、長い文章をスライドに表示するためには、フォントのポイント数（文字サイズ値）を小さくしなければならず、聞き手にとって見づらいスライドになってしまうからである。どうしても口頭発表で文章中心の資料を提示したいのであれば、先述したレジュメを用いる方が良い。細かい字をスクリーンに投影するよりも、手元で見てもらった方が聞き手に負担がかからないからだ。スライドの場合は、一見して情報が伝わるように、文章での説明を避けて、視覚的に理解できるように工夫することが望ましい。詳しい説明は話し手が直接述べれば良いのであって、それらをすべて文字に起こしてスライドに表示する必要はない。

　図 12-3 の 3 つのスライドは、いずれも同じ内容をあらわしているが、スライドに盛り込まれる情報が端的に整理されているほど視認性が高く、一見して理解しやすいことがわかるだろう。このように、スライドの視認性を高めるためには、どのような工夫ができるだろうか。検討してみてもらいたい。

2-5　スライド表記上の注意点

見出し（スライドのタイトル）

　聞き手が一見して、「いま見ているスライドが何の情報であるのか」がわか

るように、スライドごとに見出しを付ける必要がある。見出しには、発表構成（目次）に対応した大見出しのほかに、提示する個別の情報に関する小見出しを明示すると良いだろう。

引用資料の出典

　引用のルールは、論文と同様である。引用したデータは、すべて出典を明記しなければならない。図表を引用してスライドに貼りつける場合には、図表ごとにそのスライド内に引用元を明示する。発表に際して参照した文献に関しては、参考文献一覧のスライドを作成しておくと良いだろう。参考文献の表記方法については、本書の「論文の書き方」の章をあらためて確認しておいてもらいたい。

色覚多様性への配慮（カラーユニバーサルデザイン）

　プレゼンテーションソフトには、さまざまなデザインの雛形が用意されているが、背景と文字のコントラスト（明暗の差）をはっきりさせることが重要である。背景に濃い色や写真画像を選択した場合、文字が黒色では読みづらいこともあるので、見やすい色づかいに配慮してもらいたい。基本的には、白色の背景に黒色の文字を使用し、強調語には青色などを用いれば事足りるだろう。

　また日本人の場合、男性の約 5％、女性の約 0.2％が遺伝性疾患である先天色覚異常を有しているとされている（北原，2008）。男子学生の 20 人に 1 人の割合と考えれば、少なくないことがわかるだろう。プレゼンテーションのスライドにおいても、そうした聞き手がいることを認識したうえで、「少ない色で構成し、緑系と赤系などの色の組合せは避け、判別しやすい色の組合せで表示（日本学校保健会，2016）」するように配慮したい。

3　プレゼンテーションの実践

3-1　発表態度

　話をするときは、相手の顔を見ることが基本である。わかりきったことを言

うなと思うかもしれないが、プレゼンテーションのような大勢の前で話す機会
では、意識しないと意外とできないものだ。

　発表原稿の下書きをパソコンではなく、スマートフォンで作成する学生は少
なくない。そのこと自体は問題ないのだが、その発表原稿をプリントアウトす
ることなく、プレゼンテーション当日においてもスマートフォンの画面で確認
しようとするならば、その行為は発表態度として最悪である。企業の採用面接
の場面で、スマートフォンのメモ機能を見ながら自己 PR や志望動機を答える
学生がいたら、その学生は採用されるだろうか。本章のはじめに述べたように、
プレゼンテーションは説得的コミュニケーションの一形態である。あなたが行
うべきは、研究成果を聞き手にも納得してもらえるように説得することであっ
て、原稿を朗読することではない。話を聞いてくれている人たちの反応を見な
がら、一番後ろの席にいる聞き手にも届く声で発表してほしい。

3-2　質疑応答

　「沈黙は金」という箴言がある（カーライル，1946: 297）。しかし、学問の場に
おいては、沈黙は鉄屑ほどの価値もない。ディスカッションの場面で発言しな
いことは、集団的な知的生産の活動に関与しないことと同義であり、その場に
いないことと変わらないからだ。もちろん、限られた時間のなかですべての参
加者が発言できるわけではないが、発表を聞く側であっても、積極的に質問や
意見を述べる姿勢で臨んでもらいたい。

　発表者は、あらかじめ想定される質問に対する回答を準備しておくことが望
ましい。ときには、想定外の質問がくることもあるが、自分が思いもしなかっ
た意見に触れることは、考察を深めるチャンスなのだから恐れることはない。
その場で答えることができなかった質問は、持ちかえって再検討を行う。

4　そのほかの注意点──結びに代えて

　準備は入念すぎるくらいでちょうど良い。たとえば、プレゼンテーションで
使用するデータは、複数の方法で管理しておくと良いだろう。Google ドライ

ブなどクラウドサービスを利用する機会も多いが、もし当日にアクセス障害が生じるようなことがあれば、それだけでスライドが使用できなくなってしまう。予備として USB メモリなどでもデータを持参しておけば、そうした事態が起きても対処できるだろう。また、ハンドアウトだけでも報告の概要を伝えられるようにしておけば、スライドが使えない最悪の事態が起きても動じずにすむ。

　大学では、グループ発表を行う機会も多い。グループ発表は本来、複数人で協力して行った共同研究の成果を伝えるものであり、グループ内で議論を重ねた結論を導き出さなければならない。ところが、個別に担当を割り振ったままで、グループ全体としての作業を疎かにしてしまうと、小間切れの個人発表を継ぎ接ぎしたプレゼンテーションになってしまう。こうした発表は、結論が本論から導き出されておらず、論理の飛躍が起こりやすい。また、内容に統一感がなく、発表者が交代するごとにスライドのフォーマットまで変わることさえある。このような失敗をしないように、メンバー間で作業を分担するだけでなく、グループ内で議論を重ねながら、発表内容をまとめることが肝要である。

　また、グループ発表では発表原稿をメンバー間で共有しておくことも大切である。プレゼンテーション当日に、発表担当者が何らかの事情で遅刻や欠席をすることもあり得る。事前に全員でリハーサルを行い、発表原稿を共有しておけば、そうした事態が生じても他のメンバーが対応することができるだろう。

　プレゼンテーションの得手不得手には、ある程度、経験がものを言うことも事実である。本章で扱った内容を踏まえながら実践をかさねて、プレゼンテーションのスキルを身につけていってもらいたい。

参考文献

上野千鶴子（2018）『情報生産者になる』. 筑摩書房.
カーライル著，石田憲次訳（1946）『衣服哲学』. 岩波書店.
酒井聡樹（2018）『これから学会発表をする若者のために 第 2 版』. 共立出版.
北原健二監修（2008）『色覚異常を正しく理解するために』. 公益社団法人日本眼科医会.
日本学校保健会編（2016）『学校における色覚に関する資料』. 公益財団法人日本学校保健会.
日本経済団体連合会（2022）『新しい時代に対応した大学教育改革の推進』Policy（提言・報告書）.

第 13 章
日本大学法学部における多様な研究の現在

　本章では、日本大学法学部に所属する教員の有志が「私と研究」ないし「私の研究」という統一のテーマで執筆したエッセイを集めている。日本大学法学部は、法律学科、政治経済学科、新聞学科、経営法学科、公共政策学科という五つの学科から構成されており、「社会科学の総合学部」ともいえる。多くの場合に法学部においては、法学だけか、せいぜい政治学の専門家が所属しているぐらいであるが、ここでは、それ以外にも実に多様な学問分野の専門家がさまざまな研究を行っている。本章では、多様な研究の一端を紹介している。

浅井直哉（政党政治）

　私は現在まで、政党を研究対象とする取り組みを行ってきました。キーワードは、「カルテル政党（cartel party）」や「政党助成（制度）」です。関心の根っこにあるものは、「政党がどのように生き延びてきたのか」という点を理解し、説明することです。具体的には、政党助成制度と政党の関係に焦点を絞り、世界的に著名な政党研究者のカッツ（Katz, R.）とメア（Mair, P.）による「カルテル政党」に関する理論的な枠組みを検証することです。

　カルテル政党は、幹部政党（cadre party）、大衆政党（mass party）、包括政党（catch-all party）に次ぐ政党組織のモデルであり、主な特徴の一つは、政党が国家からの公的助成（政党助成）を受けるという点にあります。政党モデルという「レンズ」を使うと、各党組織にみられる特徴の違いを説明することができます。また、各モデルが主要な地位を占めた時期や、国家・社会と政党とのかかわり方に注目すると、政党の「変化」や「移り変わり」を理解することができます。私の取り組みは、政党モデルが政党組織の特徴だけでなく、政党の変化を論じるものであるという見方に立ち、「カルテル政党モデル」がどれほどの説得力をもつ「レンズ」であるのかについて検討するものです。

　私の場合には、日本の事例をとり上げて、政党助成制度の導入をめぐり、複数の政党が互いの資金需要にもとづいて制度設計を行ったのではないか、同制度の導入後に、政党交付金を中心とする資金構造を有する政党がみられるようになったのではないかという見方にもとづく検証を進めました。今後は、議員一人ひとりのレベルでは助成金がどのような影響を及ぼすのか、日本の事例と諸外国の事例との共通点や相違点は何かという点に注目し、政党助成と政党の関係についてさらに深く掘り下げていきたいと考えています。

浅野一弘（日本政治論、日米関係論）

　いったい、研究生活のスタートはいつにおけばよいのであろうか。大学院の博士前期課程の１年目とすると、大学院をめざした理由から、話をはじめるのがいいかもしれない。もともと、私は、高等学校の社会科の教員になるという夢をもっていた。そのため、学部生のときに教職課程を履修し、卒業と同時に、教員免許を取得した。だが、ふまじめな学生であった私は、学部時代、教室に足を運ぶことはほとんどなく、遊びほうけていた。このような人間が教壇にたつのは、生徒さんに対して失礼との気もちでいっぱいであった。そこで、もっと知識をつけてから教員生活を開始すべきであろうと考え、大学院入学を決意した。

　研究関心は、戦後の日本政治にあった。ところが、日本政治に関する研究蓄積はすでに数多くあり、独創的なテーマをみつけようともがき苦しむなかで、日米首脳会談に着目をした。私が大学を卒業した時点で、日米首脳会談は55回開催されていたにもかかわらず、通史的な研究業績は皆無に等しかった。それゆえ、日米首脳会談をとおして、日本政治を考察することで、"なにか"が浮かびあがってくるにちがいないと考えたわけだ。しかし、その当時、日本の外交文書の公開は遅々としてすすんでおらず、分析手法に関して、頭をかかえた。そうした折に、偶然思いたったのが、日米両国の新聞論調を比較検討するというものである。修士論文では、『朝日新聞』と『ニューヨーク・タイムズ』の社説を読みこみ、日米首脳会談をめぐる両国間のパーセプション・ギャップの存在を明らかにすることができた（と思っている）。

　博士前期課程修了とともに、教壇にたつ予定をしていたが、研究のおもしろさも手伝って、博士後期課程に進学するという道をえらんだ。学部時代には仏語を学んだものの、博士後期課程の試験では独語を選択したため、かなりの苦労をしたが、無事に合格通知を受けとることができた。

　ここからが本番であるが、制限字数がきてしまったようだ。博士後期課程以降の話題は、なにかの折に直接みなさんに話すことができれば、幸いである。

荒井祐介（政治制度論）

　政治的問題について考える際、私は、2つの視点を基本的な枠組みとして意識している。行為者視点と構造的視点である。

　まず、行為者視点は、政治的行為者が、どのような思想や観念をもち、どのような現状認識にたち、どのような判断や意思決定を行い、そしてどのような行為を行ったのかといった点に注目する。たとえば、1990年代前半に自民党の一党支配体制が揺らぎはじめたころ、まさに政治家たちの一挙手一投足が大きな政治的うねりを引き起こし、数々の政治的駆け引きや騙し合い、裏切り、密約が為され、そのような一連の行為の結果として、自民党政権は崩壊し、非自民連立政権が誕生した。行為者視点は、政治的行為者たちが織りなす人間ドラマを見るような面白さがあり、政治のダイナミズムを感じさせてくれる。

　構造的視点は、政治的行為者の背後にある制度や規則、慣習、社会経済的状況や国際環境といった点に注目する。たとえば、小泉純一郎首相の長期政権が可能となった理由について、行為者視点では小泉首相の個人的資質や言動に注目するが、構造的視点では、選挙制度改革や行政改革を通じた制度的変化に注目する。選挙制度の変更により自民党内の権力構造が変化したことや、行政改革により内閣機能が強化され、首相が政府内の人事や政策的方向性に大きな影響力を行使できるようになったことに注目するのである。構造的視点で政治を見ることは、制度や規則などが行為者の認識や決定をいかに制約・促進するのかに着目することで、行為者がなぜある行動を行ったのか（あるいは行わなかったのか）を説明するものである。

　この2つの視点は、どちらの説明能力が高いか低いかと比べるようなものではなく、相互補完的な関係にある。行為者視点から政治をめぐる人間ドラマを生き生きと描きつつ、構造的視点に立って、行為者がなぜそのような行動をとったのかを制度的に説明することが、政治の研究には必要なのである。

生垣琴絵 （経済思想史）

　私にとって研究は、「宝探し」のようなものだ。

　経済思想史研究の意義は、過去の時代にそれぞれの直面する問題と格闘した先達の足跡を辿りつつ、現代を理解するために有効な知識を見出していくことにある。それは、経済学の発展に影響を与えてきたさまざまな学説や思想に関する研究だけでなく、広く経済に関わる言説、思想なども研究対象とする。一般に、特定の経済学者を定めその思想をとことん追究し、それが生み出された社会背景などを踏まえつつ、彼らが書き残した著作をひもとくことで、理論には直接的に反映されなかった部分をも掘り起こし、その意味や意義を模索するスタイルが王道である。

　私はこの王道ではなく「消費」というキーワードを軸にした研究スタイルをとった。経済学において消費は市場での選択を意味する。しかし、現実の消費では、選択の前に熟慮がある。さらに、経済学者ヴェブレンは所有し使用し見せびらかすことを顕示的消費と呼んでおり、これは選択の後の行為だ。消費には単なる選択という一時的な行為を超えた意味があるはずだ。

　このような経済学上の消費の扱いに対する違和感は、「消費に影響を与えるさまざまな要因を検討した経済思想を掘り起こす」という研究テーマとなった。発掘できた一つめの宝は、消費と消費者に着目した経済思想を展開した20世紀初頭のアメリカの女性経済学者たちの消費経済論である。ここからまた新たな疑問。なぜ彼女たちと「私」は消費に着目する経済学を模索したのか。女性という共通点に意味がありそうだ。この疑問は、「女性と経済学」との関わりをひもとく新たな研究テーマ（二つめの宝）をもたらす。このテーマは、現代社会におけるジェンダーの問題にも関わるし、「現代を理解するために有効な知識」へつながるはずだ。

　こうして、今後も私の「宝探し」は続いていく。次のお宝に必ず巡り合えると信じて。

池田　実（憲法学）

　個人の生活や国家・社会に役立つ学問は「実学」と呼ばれる。法律学は一般に実学に分類されるが、私が大学院生となった1980年代の日本では、憲法学は、難解な理論を駆使して憲法解釈を説くだけの、実生活にどう繋がっているのかをイメージしにくい「虚学」だった。

　背景には、憲法改正論議をタブー視する戦後日本の風潮があった。憲法学者の多くは、日本国憲法の「正しさ」を疑わず、時間の経過とともに憲法から離れていく現実をただ非難することに終始した。憲法改正などを主張しようものなら、たちまち反動・右翼などのレッテルを貼られるので、まだ職のない駆け出しの研究者が改憲論に手を出すのは、とても勇気のいることだった。

　そうしたムードに変化が出てきたのは、バブル崩壊後の1990年代からである。国内外情勢の変化に対応するために、日本国憲法の価値や妥当性を問い直し、改正を通じてこれを現代化する必要性が広く認識されるようになった。自由闊達な憲法論議をめざす新しい学会や国民運動がいくつも立ち上がった。憲法学者も解釈のみならず、積極的な憲法政策の提言を通じて国会議員の意識や活動に影響を及ぼすようになり、それが2000年代の衆参憲法調査会、今日の衆参憲法審査会の活動に繋がっている。

　こうして戦後日本の憲法学は、21世紀を迎え、虚学から実学になった。

　虚学は、ある意味、気楽である。お世辞にも真面目とはいえない学生だった私は、「どうせ改憲論議などさせてはもらえまい」とタカをくくり、虚学で飯を食う気楽さを求めて安直に憲法学を志したようなところがある。しかし、思いがけず実学となった憲法学に取り組み、その社会的責任を多少なりとも自覚するようにもなった今では、せっかくなのでこれを全うして生涯を終えたいと思っている。

石川徳幸（日本ジャーナリズム史）

　私が大学生だった2000年代初頭、学界ではいわゆる「歴史認識論争」がおこなわれていた。それらの言説に触れた私は、日本政治史のゼミに入って詳しく研究したいと思うようになった。しかし、いざゼミの入室試験の時期をむかえると、日本政治史のゼミが教授の定年退職のために閉講になることが分かった。

　希望していたゼミが開講しないことは大変ショックな出来事だったが、これが貴重な出会いをもたらす契機となった。次善策として、隣接領域である日本新聞史のゼミの扉を叩いたのだが、それ以来、新聞史（ジャーナリズム史）という学問の"沼"にはまっていくことになったのである。卒業論文では、50年分の終戦記念日の全国紙社説の分析を行い、新聞論調の対立軸やマス・メディアの歴史認識について考察を行なった。

　大学卒業後は社会人として会社勤めをしたが、ゼミでの研究の面白さが忘れられず、大学院に進学して研究者を志すようになった。「歴史認識論争」からスタートした私の学問的関心は、「歴史認識」から「論争」という言論の対立構造そのものにシフトしていき、大学院では日露戦争の開戦過程における主戦論と非戦論の論理を追究した。以後は、明治期の対外硬派と目された人びとが興した新聞雑誌の研究や、戦前期日本の国粋主義者の言論活動に関する研究を進めてきた。近年は、「ジャーナリズムと党派性」といったテーマで研究に取り組んでいる。

　石川研究室は現在、「日本ジャーナリズム史」を看板に掲げて、学部のゼミナールや大学院の専門演習を開講している。社会科学の総合学部を謳う日本大学法学部において、ジャーナリズムの歴史を研究することの意義は、「社会過程におけるジャーナリズムの役割を歴史学的視座から明らかにすること」にあると自負している。過去の出来事を解明し、未来に資する智慧を探索する楽しさを知ってもらえたら幸いである。

石橋正孝（ヨーロッパ文学）

　フランソワ・ラブレーの作品を中心に、16世紀前半のフランスの散文物語を研究対象としています。扱う主題は、大きく三つあります。

　一つはラブレーの作品の「解読」作業です。特に、身振り描写のエピソードの意味の解読を大学院修士に入った時からずっと続けています。この身振り解読の研究は、パリ第三大学での博士論文の口頭試問において極めて高い評価を得ました。あといくつかの解読に成功すれば、5世紀以来誰も成し遂げられなかった初の快挙になると言ってもらいましたが、簡単に言ってくれるなと思い、忍耐強く続けています。この作業を続ける根気を失ったら研究も大学も辞める時だと思っています。

　二つ目の主題は、一つ目の主題から派生したものですが、身体表象についての文学理論です。中世と近代の狭間を研究している視点から気づいたのは、実は文学理論は時代に大きく依存しており、必ずしも普遍的ではないということです。こうした現代文学理論の普遍性の限界を探ることで、文学とは何かという問いを一つ先に進められると考えています。

　三つ目の主題は、二つ目の主題と同時発生的ですが、近代個人についての考察です。近代個人という、共同体から切り離された孤立を属性として持つ人間のあり方が、文学において読書のあり方に反映し、なおかつそれが16世紀前半という小説揺籃の場において文学空間の写実性に決定的な影響を与えたと考えています。それを、文学研究の場でどのように議論していくか、考えています。

　最後に、研究の際に心がけていることは、自分で考えて、自分の言葉で表現するという姿勢です。内容に関しては他人の言葉のパッチワークにならないように、自分でしっかり考え、発表に際しては難しい事柄を自分の言葉でわかりやすく、それができていない時は、自分がまだその問題を理解できていない時であり、語る資格をまだ持たない時だと考えています。内容が薄い時などに、難解な言葉で煙に巻くというのは一番安易な逃げであり、研究者として失格であると自分に戒めています。これは授業で学生に語りかける際にも同様です。

出雲　孝（西洋法制史）

　どの分野にも、第一人者がいる。異なる時代の第一人者のあいだには、しばしば系譜があるかのように語られることもある。将棋を例にとってみよう。現在の第一人者は藤井聡太であろうが、かつて最も有名な棋士は羽生善治であった。さらにその前にさかのぼっていくと、中原誠、大山康晴、木村義雄と、その時代ごとのトップ棋士が並んでいる。他の分野でも、第一人者またはトップグループの系譜を作ろうと思えば、作ることができるだろう。同様のことは、歴史の記述でもみられる。たとえば、17・18世紀に活躍した社会契約思想の思想家といえば、ホッブズ、ロック、ルソーの3人を挙げることが多い。

　この記述のスタイルは、ほんとうに妥当なのだろうか。将棋界では毎年、新しい手、すばらしい手、定跡の進歩に貢献したひとに対して、「升田幸三賞」を授与している。実力制第4代名人、升田幸三にちなんだ賞である。その受賞者を直近5年でみてみると、千田翔太、大橋貴洸、elmo（将棋ソフト）、藤井聡太、青野照市、佐々木勇気の6名となっている。第一人者の系譜とはべつに、将棋を発展させてきたひとが大勢いるわけである。似たことは、自然科学や社会科学の分野でも言える。有名なひとたちがリレー方式ですべてを作り上げてきたわけではない。

　私の研究テーマのひとつは、歴史のかたわらに光を当てることである。法学は多くのひとびとによって発展させられてきたけれども、法史において紹介される者は少ない。たとえば筆者が専門とするのは、トマジウスという近世プロイセンの法学者であり、彼には弟子との共著が多く存在する。ところが後世において、弟子たちの名前は共著者の欄からしばしば消されていた。筆者がトマジウスの論文を翻訳するとき、彼らの名前を復活させているのは、上記の理由からである。高校までの学びを基礎としつつ、大学では大河の河床を知るおもしろさも感じ取ってもらえれば、うれしく思う。

岩崎正洋（比較政治学）

　大学の教員は、学生相手に偉そうなことを言うのが本業だというのではない。政治学とか比較政治学の講義を大学で担当している場合は、政治学者（ないし比較政治学者）であることが本業だといえる。高校の先生が困った生徒にもパッションをもって接するのとは、その点が大きく異なっている。大学の授業は、専門家が専門的なことを講義するのだし、専門家が専門の立場から専門的なことを指導するのがゼミである。

　専門家という意味では、しばしば海外の政治学者ともやり取りする。私の授業の教科書『比較政治学入門』に出てくるリチャード・カッツは米国のジョンズ・ホプキンス大学教授であり、かなりの高齢であるが、まだ現役で活躍している。現在、彼の本を日本語に訳しているため、つい先日メールで連絡したところ、世界的に活躍している偉い政治学者であるにもかかわらず、大変に丁寧な人だったので驚いた。

　たまたま、その後、英国サセックス大学のポール・ウェブと、イギリスの新しい首相の誕生やエリザベス女王の逝去といった話題で盛り上がった。ポールは、教科書の「議院内閣制と大統領制」の章に出てくる。大学の授業で、同時代に生きている海外の政治学者の議論を日本で紹介し、講義することには価値があることだが、それだけでなく、気軽に彼らとメールでちょっとしたやり取りができることを楽しく思う。

　今の大学生が将来どのような職業に就くのかは想像できないが、各人のやりたい職業に就くことがベストである。私は大学1年生の頃から政治学者になりたいと思い、実際になることができて、今は海外の研究者と気軽に交流できるようになり、うれしく思うし、ありがたいことだと思う。私自身は大学を卒業して随分と経つが、大学生が今の私ぐらいの年齢になったときに自分の職業に誇りをもち、楽しい、幸せだと言えるようになってほしい。

大岡　聡（近代日本都市史）

　私は日本史学という学問分野の中で、近現代という時間の、都市という空間を対象とし、社会史という方法意識で研究してきたが、その出発点は、学部学生の頃にさかのぼる。

　政治学や社会学を学ぼうとして大学に入った私は2年生のときに、丸山真男という政治学者の本を読む教養ゼミでファシズム論に出会い、日本のファシズム化と都市民衆との関わりを研究したいと思うようになった。暗転していく時代のさまをシャープな切れ味で説明していく理論の美しさに憧れたが、同時に、これから都市に暮らしていく自分が、世の中とどのように向き合うかを考えるためにも、都市を研究しなくてはならないと思いつめていた。東京をフィールドとする都市社会の研究は、自分の生き方を模索するための研究でもあったのだ。

　東京大空襲で焦土と化した東京の、特に社会史・民衆史の史料はなかなか見つからず卒論では苦労したが、修士論文の準備をしている時、昭和戦前期に、東京下町の露店商の親分で市会議員をつとめていた人物が発行していたローカル新聞に出会った。丸山の理論では、もっとも反動的で、ファシズムの支持層と位置づけられる「疑似インテリ」にまさに当てはまるような人物だが、その論調は意外にもデモクラティックで、ファシストに批判的であったのだ。その驚きを導きの糸として論文を書いたが、それ以来、歴史の奥底には、私たちの凡庸な想像力を遥かに超えるような豊かな現実が存在しており、明らかにされるのを待っているのではないかと考えるようになった。

　常識や通説を壊すような事実に出会えるのではないかと思いながら史料をめくる時のわくわく感、史料から浮かび上がる諸事実と格闘しながら、ほんの少しでも歴史を説明できた時の達成感、歴史から得られる社会観や人間観、人生観への示唆。それらこそが、私にとっての歴史研究の醍醐味である。

小田　司（民事訴訟法）

　私の専門は、民事訴訟法です。民事訴訟は、民事裁判のことですが、原告が被告に訴えを提起し、裁判所に紛争解決についての審理・判断を求め、裁判所の判断（判決）に基づいて原告と被告との間の紛争を強制的に解決するための制度です。この民事訴訟における当事者（原告・被告）の訴訟能力について研究しています。訴訟能力とは、当事者として単独で有効に訴訟行為を行い、または裁判所および相手方当事者の訴訟行為を単独で有効に受けることができるために必要な能力です。未成年者や成年被後見人などの訴訟能力を欠く者が単独で行った訴訟行為、またはこの者に対して行われた訴訟行為の問題を研究テーマとしており、ドイツのヨハネス・グーテンベルク大学で博士号を取得した博士論文も、この訴訟能力の問題について研究したものです。

　最近は、国際民事訴訟の問題についても研究しています。国際民事訴訟とは、国際取引や国際家族関係から生じる国際民事紛争を解決するための訴訟のことです。国際民事訴訟では、国際民事紛争を専属的に処理する国際的な裁判機関が存在しないため、どこかの国の裁判所に訴えを提起して紛争を解決しなければなりません。この場合、どこの国の裁判所がその紛争について審理・判断する権限を有するかという国際裁判管轄権が問題となります。また、国際民事訴訟では、同一の事件がわが国の裁判所と外国の裁判所に同時に係属している場合に、外国の裁判所における訴訟係属をわが国の裁判所は考慮すべきかという国際的訴訟競合の問題、さらに外国裁判所の判決がわが国でどのように扱われ、わが国の裁判所の判決が他国でどのように扱われるのかという外国判決の承認・執行の問題などがあります。このような国際民事訴訟におけるさまざまな問題などについても研究テーマとしています。

小野美典（日本文学）

　安政6年（1859）5月、吉田松陰は萩（山口県）から江戸に召喚されます。幕命により檻に入れられての護送。松陰は死を覚悟します。道中での詠歌を藩士がひそかに筆写。極限状態で詠じた二十首は後に『涙松集』と名づけられました。次は広島での作。

　　　　　世の中に思ひのあらぬ身ながらもなほ見まほしき広島の城

　歌意は「私は世の中に何ら思うことのない身だが、やはり見たいものだ。広島城を」。上の句は俗世から離れて達観した境地の表白です。ところが、松陰処刑後に弟子たちが松下村塾から出版した本では、上の句が異なります。

　　　　　世の中を思ふも狭き身にはあれどなほ見まほしき広島の城

　「私は世の中のことをいくら思っても思い尽くせない小さな身であり、実際狭い檻の中にいるが、やはり見たいものだ。広い視野で広島城を」。広い世界に目を向ける積極的・能動的な人物像の創出です。「狭き」との縁語関係から「広島」に「広い」の意も加わります。

　松陰の実詠は前者ですが、弟子たちは師の卑小さや厭世的心境が際立つのを嫌ったのでしょう。松陰は日頃から見聞を広めて情報収集する重要性を語り、自身も「飛耳長目」と名づけた冊子に全国の知人・門弟からの情報を書き留めていました。在りし日の師にふさわしい歌への改変。死後の松陰像を理想的な姿へと創り上げていく。その一端が和歌の改作に窺えるのです。

　私の専門は日本の古典文学、特に中世から近世の和歌文学です。この分野では原典の追求がとても重要。上記のように、後出の本文や活字化された本文には様々な圧力が加わっている可能性があるのです。一方で、各時代に改作され受容された本文を精査することで、時代や地域社会の情勢、集団の思惑なども見えてくる。たった三十一文字の和歌ですが、そこからは人間社会の深奥が見えてくるのです。

加藤雅之（民法）

　研究について考える際、「巨人の肩に立つ」という言葉を思い出す。先人の発見に基づいて新たな発見をすることの比喩である。著名な科学者ニュートンが書簡に記した "If I have seen further it is by standing on the shoulders of giants" という文がよく知られている（なお、英語の表記は現代のものであり、ニュートンが当時に書いたものとは異なっている）。「巨人の肩」というのはニュートンの創作ではなくそれ以前にもこうした表現はあったようであるが、いずれにしても、様々な研究の蓄積が新たな発見を生み出すというイメージは自然科学の進歩の本質を表している。

　もちろん、民法学においてもこの言葉は当てはまり、先行研究の蓄積なくして、新たな理論は生まれない。もっとも、時に「巨人」の肩が高すぎて肩に立つこと自体が難しいことも多々ある。19世紀末に制定された日本の民法は120年以上の歴史を持っており、膨大な研究の蓄積がある。先行研究は簡単に肩には立たせてくれず、21世紀の今「現代的」と思われる問題を考える上でのヒントが80年くらい前の教科書に書いてあることもある（それもそうした問題が起きることを予知していたかのように）。こうなると肩に立つのも一苦労であるが、何とか肩に立てた（かも）と思えた時の感動は大きい。しかも、「巨人」は1人だけではないので、色々な「巨人」の肩に立つことで様々な新たな世界をみることができる（ニュートンの英語も giants と複数になっている）。

　そんなわけで今日もまた過去の偉大な先人達と対話を試みることが研究である。そして、もう一つの使命と感じるのが、こうして先人から受け継いだバトンをさらに次の世代に繋げることである。自分の研究が、会ったこともない誰かに学問的刺激を与えることができれば、これに勝る喜びはない。

川又　祐（財政学）

　大学在学中、私はある経験を通して、ひとの思惑に左右されずに生きていくにはどうしたらよいであろうかと進路を考えた。大学教員になればそれが実現できるのはないかと思い、大学院に進学した。大学院では指導教授から、財政学の研究には歴史、理論、政策の分野があるが、まず歴史を理解することが重要で、歴史を理解したのちに理論あるいは政策の分野に研究を広げていくのがよいとの助言があった。どうせ研究するなら学界であまり取り上げられない対象を選ぼうと決心した。そして財政学の起源、源流の１つであるドイツ官房学を研究テーマに選んだのである。ある先生からは官房学はあまりに特殊なので、就職で困ることになるからやめた方がよいとも言われたが、結果的に大学教員になれたのでよかったのである。

　官房学をテーマに決定したものの、どうやって研究を進めたらよいか悩んだ。というのも官房学に関する文献が手に入らなかったからである。院生、助手時代には図書館に大変お世話になった。高価な原典については購入希望書を書いて、購入してもらったり、他大学の図書館が所蔵していないか何度も照会してもらったりした。また時間が空けば古書店に足を運び、本を捜した。そうやって少しずつ文献を集め、研究材料をそろえていった。

　官房学の研究は、ドイツだけではなくヨーロッパ全体を視野に入れる必要がある。16 世紀以降のヨーロッパがおかれた宗教的、政治的、経済的状況を俯瞰しながら、官房学の生成、発展、終焉を明らかにすることが目標である。それがいつ達成されるのかは分からない。したがって、現在もまだ官房学研究から離れられずにいるのである。

窪田悠一（アジア政治論、計量政治学）

　現在も依然としてそうですが、私が大学に入学した 1990 年代後半は世界各地で多くの内戦が発生し、多数の人々がその犠牲となっていた時期でした。テレビや新聞などでそうした報道に触れるにつけ、なぜ同じ国の人たち同士が殺しあってしまうのであろうかという素朴な疑問を持ちました。そうしたことがきっかけとなり、大学では比較政治学や国際関係論を学ぶこととなりました。その後、大学院に進学し政治学を専門的に学ぶことになりましたが、研究上の関心は一貫してこうした内戦の問題にありました。現在はアジアの内戦事例を中心に、そこにおける市民と軍事組織との関係性やそれが人々のアイデンティティや信頼関係などにどのような影響を及ぼすのかについて研究を進めています。内戦中にどのような出来事があったのかについて情報を得る方法はさまざまですが、現地に赴いて住民に直接話を聞いたり、質問票調査をしたりするなどの方法をとることが多いです。これまでには、カンボジア、ネパール、スリランカ、インドネシア、パキスタンといった紛争経験国でこうした調査を行いました。市民の内戦中の経験は、それが収束し国際社会が平和構築に取り組む段階に至っても、彼らの規範意識や行動に大きな影響を及ぼし続けます。そのため、暴力が再発しない状況を再びつくるには、そうした経験をしっかり見つめなおすことが大事なのではないかと考えています。また、こうした教訓はそれぞれの学術研究がもたらすわずかな知見の積み重ねによって徐々につくられていきます。私が取り組んでいるテーマは海外での研究活動が盛んですが、国際的な学術雑誌に論文を投稿するなどしてそうした知的コミュニティに積極的に貢献したいと考えています。

栗原千里（言語学）

　私は栗原千里と申します。日本大学法学部で中国語を教えています。中国語とは首都北京の言葉を基本として成り立っている中国の標準語（普通話）のことです。毎年多くの学生諸君に中国語科目を履修して頂いています。中国語を勉強する上で大事なことは発音練習や読込練習で、発音練習や読込練習を繰り返してゆけば、中国語を話せるようになります。

　私は中国語文法の研究を行っています。中国語文法はなかなか特徴的です。英語に見られるような名詞の単数と複数の区別、ヨーロッパ言語に見られるような男性名詞や女性名詞の区別もありません。日本語に見られるような動詞や形容詞などの語尾活用というものもありませんし、日本語ほどには助詞に相当するものもありません。さらには時制にもそれほど厳密ではありません。中国語は文法表示に乏しい言葉と言えるでしょう。

　よって中国語には文法が存在しないのではないかと言われたこともあったのですが、それは当然間違いで、でたらめに漢字を並べても中国語にはなりません。並べかたにも規則があるわけですから、それが中国語文法ということになるのです。

　中国語文法は簡明で把握しやすいという利点もあるのですが、研究対象として見ると、文法表示にとぼしい分、色々な意味で比較対照するための目印に欠けるため、研究しづらい一面もあります。がけを登る際にとっかかりが少なくて、なかなか登れないと言った感じでしょうか。

　私は目下中国語の「是～的」の構文について研究を行っていますが、「是～的」自体が大変に簡単な構造で、特に何か時制を表せるような文法機能も備えていないはずなのですが、中国語の教科書には「過去に行われたことを説明する」表現として説明されています。どこから過去の意味が出てくるのか、大変不思議です。結局は文法表示以外の部分で意味を補っているという面があります。そのような関連性を追究してゆくことは大変興味深い事です。

黒滝真理子（認知言語学）

　「ことばって何だろう？」「文法って面倒くさい」という感想を皆さんは持っているのではないでしょうか？　「ことばは生き物」です。そして「活き物」です。ことばはことばとして独立して存在するのではなく、現実を映し出す鏡であり、ことばを使う人の心のありよう、経験、人を取り囲む文化や社会の構造を反映しています。まさに、時代や社会の変化と共に変わる「生き物」であり、日々「アプデ」しているのです。

　このような「ことばの生態系」を社会との関連で追究する社会言語学を研究していましたが、最近では、ことばを使う人の心の働きとの相関でことばを捉える認知言語学に学問的魅力を感じています。たとえば、ボトルに半分入ったワインをみて「ワインが半分もある」と言うこともあれば「ワインが半分しかない」と言うこともあるでしょう。客観的に見ればワインの量は同じであっても、捉え方が異なると表現も異なります。すなわち、ことばの意味には使う人の「捉え方」が多様に反映されているのです。現在は、この認知言語学的手法で日英語対照研究を行っています。日本語と英語を比較対照するのは、日頃無意識に使っている日本語を英語と比べることで今まで気づかなかった面白い発見に出逢えるはずだからです。さらに、ことばを知るということは、自分自身を知ることでもあるのです。

　研究というのは、基本的に非常に地味なものであり、孤独かつ根気・忍耐と体力の要る活動です。研究の営みは身近に転がっていますので、常にアンテナを張り巡らせて、新しい研究のアイデアを見つけていくことが肝要です。「生き物」であり「活き物」であることばというものの研究ゆえに、そのような模索過程にワクワクするような瞬間もあります。その楽しさと忍耐力の必要性を伝えつつ、ことばの背後に見え隠れする豊かな世界について、皆さんと考えていきたいと思っています。

斎藤史範（中国史）

　ここでは、先生方から、専門としている学問の魅力・研究方法からはじまり、ゼミでの学びが語られることでしょう。私は明清時代の社会経済史の研究をつづけ、「東アジア社会文化論」のゼミで学生とともに学んでおります。本年度をもって定年退職となるので、1年生の皆さんが私のゼミに入室することはありません。そこで、ゼミ以前の大学での学びについて述べていきます。

　私の専門は中国史です。高校生のとき世界史が好きで、漢文にも関心がありました。大学進学のとき、将来の進路など考えることもなく、歴史を学ぶ「史学科」に進みました。大学は新鮮でした。何よりも授業は出ても出なくてもよく、欠席しても先生は文句をいいません。当時のカリキュラムでは通年の授業がほとんどで、年間通じて1つのテーマが論じられました。授業は、テーマの結論に向かって一時間ごとの積み上げで、その論理的な展開は魅力的でした。

　授業の先生の推薦書を読むと、分からないことばかり。理解しようと、推薦書に提示された参考文献も読むと、理解がすすむというより、さらに分からないことが出てきた。ため息しか出なかった記憶があります。それでもいくつかの文献を読み散らかしていくと、少しわかったと実感しました。これがまさに分かる第一歩です。歴史の本には史料が引用されています。史料なくして歴史はありません。その後、自分で引用史料が読め、意味がとれるようになると、本を読む楽しさは倍増しました。中国語の勉強、史料読解にも取り組みました。

　縁があって日本大学法学部に勤務し、おかげで中国の歴史や文化を学びつづけられたことは、つくづく幸せだったと思います。100をこえるゼミナールが開設されています。私のような分野を学びたい学生は、時間と労力を惜しまず、お小遣いの許す限り、①たくさんの基本文献にあたること、②古典文献、訳されている史料は必ず読むこと、③外国語の習得・漢文史料の読解に励んでください。

坂本力也（英米法）

　私の専門は「英米法」です。世界の法体系は大きく「英米法」と「大陸法」に分けて説明されることがあります。「英米法」の特徴は判例法主義です。裁判官が書く判決が判例です。その判例が「先例拘束性の原理（Doctrine of Stare Decisis）」のもとで後の類似した事件に先例として適用されていきます。このことから先例は「裁判官によって作られる法（judge-made law）」と呼ばれます。大陸法の諸国で生活する人々やビジネスを行う事業者にとって英米法の先例に十分に触れる機会は多くないと思われます。しかし、ICT の利用により人々の生活や事業活動が国境を越えることが当たり前となった現代のボーダーレス社会においては、英米法が自国にいながらも適用される場面が増えてきています。その結果、予想に反して英米法の下で法的責任に問われるリスクが存在しています。私の研究では、そのリスクを未然に防げるように、国境を越えて適用される可能性のある英米法の先例を調べ、大陸法と比較し、大陸法系諸国の人々や事業者が普段の生活や事業活動では想像もしえなかった法的責任を生む「英米法に特有の法理」を調査します。英米法の研究はその多くの時間を先例となった判例を原文で読み解き要約する作業（briefing）に費やします。この作業をとおして、各先例に示される特定の人々の間やコミュニティーで実際に生じた争いの背景やストーリーに関する事実に触れることで英米法諸国での生活様式やビジネスのやり方の実情に触れることができます。また、判例を読む際には、その判例だけではなく、その前後に下された一連の判例を読み解きそれらの判例との相関性を分析します。これにより特定の時代に社会が求めた法的価値の変遷とその将来的展望を検討します。本学部の図書館には英米法のデータベースや現地発行の法律新聞もありますので判例のリサーチ環境が整っています。興味があれば在学中に英米法系諸国の判例をぜひ原文で読んでみてください。

佐藤健児（英語学）

「人類史上最大の発明はなんだと思いますか？」——そう尋ねられたら、みなさんはなんと答えますか？ 「インターネット！」と答える人もいるかもしれません。あるいは「「電気」こそ最大の発明である」と言う人もいるかもしれません。私個人に限って言えば、人類史上最大の発明は「ことば」であると考えています。ことばのおかげで私たちは自身の想いを他者に伝え、他者の想いを理解することができると思うからです。ことばは人の心を映し出す鏡です。

ひとのことばを研究する学問に「言語学」があります。言語学には音声を扱う音声学から、文の構造を扱う統語論、そして、意味を扱う意味論や語用論に至るまで、さまざまな分野が存在します。

私はその中でも英語を対象とした「語法研究」をおもな専門としています。語法研究とは、ひとことで言えば、教科書や文法書（語法書）、あるいは、各種辞典の記述と実際の英語との差異を研究する分野です。

たとえば、中学校や高等学校では、「love のような状態動詞は進行形では用いられない」と教わります。ところが、実際には、*i'm lovin' it*（某ファーストフードチェーンのスローガン）のような例が存在します。このような例に対して、語法研究の立場では、（1）そもそも、なぜ、love は進行形では用いられないとされるのか、（2）どのような場合であれば進行形で用いられるのかといった点を小説や映画などの実例や英語母語話者の意見をもとに解明していきます。

英語に限らず、ことばの世界はたくさんの不思議で満ち溢れています。何かが故障するのは一瞬のことなのに、「故障<u>中</u>」と言うのはなぜか。ファミリーレストランで、「こちらサラダ<u>になります</u>」のような言い方をするのはなぜか。授業ではみなさんと一緒にことばの不思議を考えていきたいと思います。

ようこそ「ことばの世界」へ。

佐藤　英（近現代ドイツ文化）

　私はこれまで主にドイツ語圏のクラシック音楽について研究をしてきました。博士論文の完成まではドイツ・ロマン派の作曲家ローベルト・シューマンをメインに扱い、その後はクラシック音楽と放送文化との関係について考察を行っています。

　後者の研究を始めるときに注目したのは、ナチス・ドイツの音楽文化です。もともと、この時代については興味を持っており、大学に入学したころから当時の映像・録音資料や関係する資料に触れる機会を持つようにしていました。これらの資料を通じて、この時代のクラシック音楽文化についてはある程度の知識を得ていたのですが、私自身が別の研究を通じて研究者として経験を積むうちに、この分野については学術的な調査があまりされていないのではないかという印象を持つようになりました。そのような状況であるならば、私もこの研究で新しい見識を示すことができるかもしれない——そう思って始めたのが、いま取り組んでいる、ナチス・ドイツ時代の音楽文化とラジオ放送との関係を扱う研究です。

　この研究を進めるにあたっては、国内外の研究文献だけではなく、当時の新聞・雑誌、さらにドイツ語圏の研究機関や放送局に所蔵されている未刊行の文書・録音等も積極的に活用しています。到達可能な小さいテーマを決めて、必要な資料を一つ一つ調査しながら当時の実情に迫っていくのですが、このプロセスは、たとえて言えば数万ピースのパズルを解くようなものです。膨大な時間がかかり、苦労も多いのですが、そのうちに個々のピースがうまくつながり、なるほどそうだったのか、と納得できるところが見えてきます。

　知りたかったことが分かった瞬間は、とてもわくわくするものです。こうした発見する喜びが、私の研究の支えになっているように思います。

ジェルソ・ジョー（応用言語学）

My research is focused on two main themes: (1) analysis of texts or corpora, and (2) using technology to open new possibilities for education and problem solving in the classroom. For text analysis, I use corpus tools and programming languages such as Python to find patterns that the human eye might miss. For example, I am currently involved in a project analyzing Annual Reports from major automotive companies in Japan (e.g., Toyota) and abroad (e.g., Ford, BMW) to identify differences in the linguistic choices companies make to engage their audiences. I also use corpus methods to help teach learners vocabulary and phrases to be used in writing and speaking. Previous research I conducted investigated how first language speakers of English and Japanese differ in how they use prepositional phrases in English writing (Geluso, 2022).

Finally, I explore how technology can improve education and autonomy in problem solving among students in the classroom. I was involved in a project at Iowa State University (ISU) in 2018 where we used telecollaborative technology to create an intercultural exchange between students in the US and Turkey. I have been able to continue this practical research at NUCL where I have my students engage in a telecollaborative project with students at ISU. The students work in international teams and are tasked with creating videos aimed at helping US students arriving in Japan for study abroad. Through student interviews and reflections, we concluded that student autonomy and the process of problem solving is a meaningful learning experience in and of itself.

Reference
Geluso Joe. (2022). Grammatical and functional characteristics of preposition-based phrase frames in English argumentative essays by L1 English and Spanish speakers. *Journal of English for Academic Purposes, 55*. https://doi.org/10.1016/j.jeap.2021.101072

真道　杉（オーストリア文学）

　20 世紀から現在のオーストリア文学を研究していますというと、よく「ああ、英語ですか」と言われます。No Kangaroos in Austria! いえ、カンガルーのいる国ではありません。使用言語はドイツ語です。ウィーンに留学していました、と言うと、「楽器は何を？」と聞かれます。いえ、文学が専門です。不思議な顔をされたりしますが、でもこの国の文学はなかなかにスリリングです。

　かつて神聖ローマ帝国と呼ばれたこの国は 1918 年に現在のサイズまで小さくなりました。さらに 1938 年にはナチスドイツに併合され、第 2 次世界大戦に巻き込まれます。戦争中はドイツとして、多くのユダヤ人の迫害・虐殺が行われました。20 世紀から現在までにオーストリアで書かれた文学は、この激動の時代を映し出し、現代の私たちに多くのメッセージや教訓を伝え続けています。

　私は学生時代に、当時の日本大学文理学部独文学科の研究室にあったオーストリア文学の書棚でイルゼ・アイヒンガーという作家に出会いました。父親がドイツ系オーストリア人、母親がユダヤ系オーストリア人で 1921 年にウィーンで生まれた人です。両親は早くに離婚、彼女と双子の妹ヘルガが 17 歳のとき、オーストリアはナチスに併合され、妹は叔母のいるロンドンへ亡命、イルゼと母が後を追って亡命しようとした矢先に戦争が起きます。イルゼはユダヤ人の母を庇いながらウィーンで戦争を生き延びますが、母方の祖母や叔父叔母はイルゼの目の前で強制収容所に連行されて、2 度と戻ってはきませんでした。アイヒンガーはその経験を背負い、戦後 1948 年に長編小説『より大きな希望』でデビューしてから 60 年間作品を世に送り続けました。ホロコーストの後にドイツ語で書かれた彼女の言葉を紐解くと、戦争がどれだけその後の社会に大きな傷となって残るのかよくわかります。考え抜いて紡ぎ出された言葉を丁寧に読み解き、読み継ぎ、平和な社会のために考察を続けて、それを授業にも還元してゆきたいと思いながら、研究を続けております。

杉本竜也（西洋政治思想史）

　私の専門は、西洋政治思想史である。歴史的な流れに沿って、西洋の政治思想について研究する学問である。この学問で取り上げるテーマや著作の大半は、数世紀前の西洋の人々によって提起されたものである。しかし、21世紀の日本に生きる私たちが、そのような思想を研究する意味は、一体どこにあるのであろうか。

　政治思想は、政治の本質、さらにいえば政治のアクターである人間の真の姿について考えることを目的としている。そこには、時代や地域を超えて、ある種の普遍性や一般性があるのではないだろうか。そのため、私たちの研究では、西洋の古い時代の政治思想に関する著作であったとしても、そこに現代的価値を見いだし、それぞれの政治や社会において、人間が大切にすべき価値について深く考えることを重視している。

　初年次教育で学ぶ「読み方」や「書き方」のスキルや議論に関する能力は、政治思想研究においても必要不可欠な能力である。そして、ゼミナールでの教育段階に入ったら、その能力を十分に発揮して、政治や人間についてじっくりと考えてみてほしい。「人間はなぜ権力を求め合うのか」「人間にとって自由はどのような意味を持っているのか」このような問いについて考えたとしても、簡単に答えが出ることはないだろう。しかし、その経験は若い学生の皆さんがこれからの長い人生を歩んでいく中で、貴重なものとなるにちがいない。

　それにあたって、皆さんに理解してもらいたいのは、研究に関しては学生も教員も平等だということである。教員の話や考えを鵜呑みにする必要はない。真摯で誠実な研究においては、教員の考えも、学生の皆さんの意見も、平等の価値を持つひとつの見解である。ただし、その意見は、十分な資料検討と考察を経たものでなければならない。

　そのような意識をもって、学生の皆さんが学んでくれるとすれば、教員としてこれにまさる喜びはない。

鈴木隆志（地方自治論）

　私の主たる研究対象は、地方自治、自治行政である。地方自治論は行政学、政治学の一分野とされる。これらの学問は社会科学と呼ばれ、社会が研究の対象となる。社会は様々なレベルで存在するが、大学や学界もその一つである。学界では先人の知識に学び、自らのテーマを見出し、研究を進めていく。

　私が研究に携わるようになって多くの先生のお世話になった。地方自治の研究で大切にしていることはいくつもある。「地方自治にとっては現場を良くすることがいのち（生命）であり、そのためには現場の人びとの参加が必須の条件でなければならない」（寄本，1989: iv）や「行政は公共のなかできわめて重要な領域をしめるものの、公共すなわち行政というわけではない。公共は官のみならず民、すなわち市民や民間企業によって築かれ、支えられるべきもの」、「公共セクターと民間セクターの役割、市民と企業と行政の役割を適切に組み合わせていかなければならない。」（寄本，2011: 142-144）などはその中心的なものである。

　大学では善き社会人となるために、「自ら学び」、「自ら考え」、「自ら道をひらく」ための基礎的な力を養うことが重要である。まずは自分が学んでいることの意義や自分の立ち位置を知るためにも、これまで行われてきた研究について学ぶ必要がある。そのために必要な情報を知る術を身に着けることが重要となる。その上で、それらをまとめ、人に説明することは重要な技術である。そして、どのようにすれば人にうまく伝わるのか、文章表現や報告の方法などについて学ぶことも重要である。こうした基礎的なことの積み重ねが今の私の礎となっている。大学で学ぶ者として歩み始めた皆さんにもこのような力を身に着け、社会で活躍をしてもらいたい。

参考文献

寄本勝美（1989）『自治の現場と「参加」──住民協働の地方自治』．学陽書房．
寄本勝美（2011）「公共を担うパートナーシップ」，寄本勝美、小原隆治編『新しい公共と自治の現場』，（pp. 142-149）．コモンズ．

竹本　亨（公共経済学）

　私は、経済学に心理学の要素を取り入れた「行動経済学」を、公共政策や公共経済に応用する研究を行っています。今回は、その中の金融トラブルに関する研究を紹介したいと思います。

　皆さんは、どんな人が不必要な金融商品を購入させられるといったトラブルに遭いやすい人だと思いますか？　金融の知識が少ない人でしょうか。実は、最近まで欧米や日本の政府もそのように考えていました。そのため、人々の金融の知識を高めれば金融トラブルは減るだろうと考え、金融教育に力を入れてきたのです。しかし、近年の行動経済学の発展は、知っていても正しい判断ができるとは限らないことを示しました。皆さんも、夏休みの宿題は計画的にやることが重要だと知っていても、つい先延ばしをしてしまって最後に大慌てをした経験はありませんか。金融商品を購入する際にも同様のことが言え、金融トラブルを減らすためには、正しい判断を狂わせるような心理的な特徴が何かを解明することが必要なのです。そこで、25000人を対象にした「金融リテラシー調査」のデータを分析して、人々の心理的な特徴と金融トラブルの関係を研究しました。その研究成果の一部をご紹介しましょう。

　他人が購入したものを欲しくなる心理を横並びバイアスと呼びます。他人が選んだ商品が自分にも必要とは限りませんので、これは正しい判断とは言えません。分析からは、この横並びバイアスが高い人ほど金融トラブルに遭いやすいことがわかりました。また、客観的なデータが示す以上に強い自信を持つ心理を自信過剰バイアスと呼びます。自分の力を過信するということですから、トラブルに遭いやすいように思えます。ところが、自信過剰バイアスが高い人ほど金融トラブルに遭いやすいとは、今回のデータからは示されませんでした。この理由はまだよくわかっていませんので、さらなる研究が必要と言えます。

立福家徳（経済政策論）

　学部３年生の秋に自分が経済学部なのに経済学のことを何も理解していない
と気付いたことが、研究者を本気で目指し始めたきっかけでした。他の大学で
も経済学部がそのように呼ばれていると聞くことがあるのですが、私の通って
いた名古屋大学経済学部は他学部から「パラダイス経済」、「パラ経」と呼ばれ
ていました。そして、私はその「パラダイス」を満喫していた訳です。

　そのような理由で大学院へ進学しようと思ったのですが、両親の理解が得ら
れたことから在籍校の大学院ではなく、憧れていた大阪大学大学院へ進学しま
した。進学後は学部生の頃、統計学や計量経済学といった科目を周りが苦労し
ている中で得意だったこともあり、旧経済企画庁エコノミスト出身の先生の研
究室で政策の計量分析を専門にすることにします。修士の頃は、医療経済分野
に興味を持ち、健康の社会経済的な決定要因について研究を行いました。その
中で、主観的な指標を分析の対象とすることに関心が移り、当時は幸福度研究
や行動経済学の研究が増加してきていたこともあり、主観をテーマに博士論文
を書き上げ、大阪大学博士（国際公共政策）の学位を取得しました。

　学位取得後は、縁あって国家公務員（内閣府）として約３年勤め、その中で
非営利組織についての知見を得ることができました。また、大学院後半に日韓
合同の学術セミナーに参加したことから、人と人とのつながりであるソーシャ
ル・キャピタルについても関心をもって取り組んでいます。

　そのような経緯から、現在の主な研究テーマは、幸福度と非営利組織の評価、
ソーシャル・キャピタルの３本柱です。この３本は、互いに独立しているので
はなく、非営利組織には市民の幸福度やつながりを高める活動が期待されてい
ますし、幸福度の向上にはソーシャル・キャピタルや豊かな市民社会が必要で
す。どの研究でも、それを進める際に研究者として常に意識していることは
「その研究に誰が興味あるのか」という問いです。これは、他人（世間）の関
心がある研究をするという意味も多少は含みますが、自分がその研究の意義を
説明できるという大きな意味があります。そのような意識でこれからも研究を
進めていきたいと思います。

中元雅昭（中国文学）

　私の専門は、中国の唐代詩文と清代通俗小説です。若い頃は書家を志していたこともあり、早くから中国の古い文字や文学に親しんできました。しかし、次第に漢字の造形性よりも詩文に込められた詩人の精神性に興味が移って行ったので、大学院進学後は、白居易の詩文集である『白氏文集』の研究に専ら取り組んできました。漢詩の語彙や表現について、そのメカニズムや創意工夫を探り、作者の心情を読み解いています。

　漢語で書かれた詩文は、韻律による豊かな音楽性と深い精神性の調和を併せ持ちます。美しい平仄の旋律は読者の心に強く響き、作者の機微に触れることができます。漢語には、辞書的な意味の奥に豊かなイメージが凝縮されており、そこに込められた真摯な思いに接する時、私たちの心も豊かになります。よって、中国文学の本質を追求することは、人間の生き方を考えることにも通じるでしょう。

　学生の皆さんは、日々の出来事を SNS に書き込むこともあるかと思います。そのような日常の1コマをどのように思い出として印象的に残すかは、1篇の漢詩を創作する営みにも通じます。人間の記憶は曖昧なものですが、紡ぎ出した言葉によって当時の感情を鮮明に浮かび上がらせることができます。つまり、記憶を文字で書き留めるという営みは、人間の普遍的な行為とも言え、そこに大学で文学を研究する現代的な価値も見出せるのではないでしょうか。

　かつて漢文は、東アジアのエスペラントであり、日本人の教養の集積知でもありました。近年は、そのような漢語や漢文が日本の発展にどのような役割を果たしてきたのかという歴史についても強い関心があります。漢語は日本の法律や外交にどのように利用されたのか？　日本人は漢語にどのような知性や心緒を込めたのか？　今一度、改めて日本の政治や文化を支えた漢語の魅力を再考し、東アジアに共有される多様な漢字文化圏の諸相について、学生の皆さんと深く議論できればと思います。

野村和彦（刑事法学）

　甲が乙に対し、支払う意思がないのに 1 万円を支払うからおまえの腹部を 1 発殴らせろと欺き、金に困っていた乙がこれに同意し、甲が乙を殴った、というときに、甲には傷害罪（刑法 204 条）が成立するのか。このように、行為者が、被害者を騙して同意を得て、被害者の法益を侵害することが、刑法上違法なのか否かについて、研究しています。この事例についてみなさんはどう考えますか。

　有力説は、この事例について、甲に傷害罪は成立しないと考えています。たとえ「騙された」といえども、自分の身体を傷つけることについて乙は同意しているから、というのが理由です。この見解は法益関係的錯誤説と呼ばれ、被害者が自ら処分する自己の法益およびその法益に関係する事情を正確に認識した上で同意したときには、法益侵害に同意した以上、刑法が保護するべき法益は存在していないとみて、行為者がたとえ「欺く」手段を使ったとしても、行為者の行為は不可罰となる旨、主張しています。この事例では、一万円支払うと騙した点はどうなるのかが問題となります。法益関係的錯誤説によれば、詐欺罪（刑法 246 条）で対応するべき問題であるとします。

　しかし、私はこうした事案こそ、傷害罪を成立させなければならないと思うのです。有力説のような考え方をとると、被害者の動機を欺いてその法益を侵害することが、刑法上容認されることになりかねません。ずる賢い行為者ほど罪を免れ、騙されやすい人ほど何ら刑法的保護を受けることができなくなってしまいます。

　ただし、おかしな有力説を攻略するには戦術が必要です。罪刑法定主義、法益保護主義、行為責任主義など刑法の基本原則がこの問題には複雑に絡みついているからです。有力説の問題点を外堀から少しずつ埋め、被害者の真の利益に適った刑法を構築するため、毎日、学生の見えないところで悩んでいます。

羽田　翔（公共選択論）

"なぜ、選挙において投票する人としない人がいるのか"
"なぜ、政治家の汚職はなくならないのか"
"なぜ、国によって COVID-19 への対応は異なるのか"

　これらの問いに対する回答はさまざまであり、人によっても考えが異なるため、明確な結論は出ないかもしれません。しかし、投票率向上のための施策を議論したり、政治家の汚職をなくすための対策を考えたりするためには、一定の回答が必要となります。国を対象とした議論についても同じです。

　公共選択論は、上記の問いに対する一定の回答を提示しています。有権者の行動について考えてみます。なぜ投票に行くのか、または行かないのかという問題については、有権者は「合理的」に行動するという観点から説明しています。「合理的」に行動するとは、ある目的を達成するために最も適した行動を取ることを意味しています。つまり、投票する未来と投票しない未来について考え、将来的にどちらの行動からより利益を得られるかということを考え行動している、ということを想定しています。

　投票には費用もかかります。この費用には、時間的費用や、アルバイトを休んだ場合などに失う金銭的な費用なども含まれています。この、投票にかかる費用と投票から得られる利益を天秤にかけ、後者がより大きい場合は投票することを予見しています。

　それでは、投票率向上のためには何が必要でしょうか。たとえば、投票にかかる費用が大きいことが想定される場合は、インターネット投票や、候補者の情報を入手するための時間的費用を削減するための施策などが必要となります。

　このように、議論を簡素化、または一般化することで、まずは社会・経済現象のメカニズムを明示します。その後に、具体的な問題について議論を進めることができる点が、公共選択論の強みの1つであると思います。

東　裕（憲法）

　研究者への道は大学院入学から始まったが、当初は研究者人生を選択することに躊躇があった。研究者人生を思うと、学問を続けることの厳しさに息苦しさを感じ、自分自身にその能力があるかどうかの疑いを拭いきれなかった。

　大学院時代の研究テーマは「国家緊急権」で、フランス第五共和制憲法 16 条の大統領の緊急措置権を中心に据えていた。緊急権規定は立憲主義と原理的に相容れないもので独裁への道を開くものと考えるのが「常識」であったが、そのような常識に沿った研究ではなかった。そのことが大学教員のポストを得るのに不利に働いていたであろうとは、今だから分かることであった。

　定職を得ないまま長い大学院を終え、かろうじて研究を継続していたとき、まったくの偶然で太平洋島嶼国と関わりをもつことになった。外務省などの委託調査・研究を行う社団法人の研究員になった。最初に現地調査に赴いたのが南太平洋のフィジーである。政治学的アプローチで憲法を研究する筆者にとって、フィジーの憲法をめぐる政治のダイナミズムは格好の研究対象であった。

　以来、太平洋島嶼国の法制度・政治・経済・援助等の調査と研究に取り組んだ。40 代半ばには某大学の助教授に就任し、2 年後には教授に昇進した。そこでの研究成果の一つは『太平洋島嶼国の憲法と政治文化』（成文堂・2010 年）として結実し、大平正芳記念賞を受賞し、博士号（国際学）も取得した。その後、日本大学法学部で憲法担当として憲法研究に集中できる幸運に恵まれた。

　クーデタと新憲法制定を繰り返すフィジー研究の中で発見したのが、不文の緊急権法理である「必要性の原理」（doctrine of necessity）である。はからずも30 年余を経て大学院時代からの「国家緊急権」研究につながった。この文章が目に触れる頃、『憲法と非常事態の法理』（成文堂・2023 年）としてその成果が出版されているはずである。

福島康仁（都市政策・地方自治論）

　私の研究テーマは都市政策・地方自治論です。とくに、協働によるまちづくりをテーマとしています。そのためには、住民と自治体との信頼関係の構築が重要となるため、行政相談システム、行政苦情救済システムの研究を同時にすすめています。

　このような研究に関心をもったきっかけは、大学生時代に行政機関の窓口での住民への対応ややり取りに疑問をもち、住民と行政の間に溝があると強く感じたからです。両者は険悪な関係にあるように感じました。両者の間に溝がなくなり、相互理解がすすめば、住民、行政がもつそれぞれの強みを生かし、弱みをカバーする、協働による、幸福なまちづくりがすすむと思いました。両者の立場を理解した研究者は、いわば通訳者であり両者の架け橋になることができる存在なのではないかと思い、研究に取り組んだところです。

　地方分権社会が進む中で、地域のなかのアクターの結びつき、協働がますます求められます。住民も行政も皆が協働して誰もが住みやすい社会をつくるために、それぞれが協働相手を理解したシステムづくりが必要です。

　変わりゆく地域社会で皆さんも是非活躍できるよう知識と経験を積んでください。学生時代は、書物を読むことはもちろんですが、書を捨てて地域にでて活動することも大事なことです。大学時代に理論の習得と実践を試みてはいかがでしょうか。

福森憲一郎（政治社会学）

　研究とは、様々な問いに応えようとする試みである。政治社会学の場合は、社会と政治の関係に注目する。たとえば、デジタル・テクノロジーの登場は、現代社会に見られる変化のひとつである。新たなコミュニケーション・ツールの誕生は、これまで無視されてきた集団にプラットフォームを与え、知識を蓄積し、行動を起こすための手段を生み出した。テクノロジーの変化によって、新たなつながりが生み出されたことは、民主主義に対しても、様々な恩恵をもたらすことが期待された。

　しかし、現在の情報社会では、ビッグ・データを用いた選挙介入や、新たな監視社会の到来、見たいものしか見ないことによる分断の加速など様々な問題が指摘されている。テクノロジーは、当初の期待通り、政治を変えたのだろうか。むしろ、世界のデジタル化が進む中で、政治におけるアナログな部分が顕著になったのではないか。

　テクノロジーが政治に与えた影響を明らかにするためには、政治に関して「どのような」変化が起こったのかという点に注目するとともに、「なぜ」その変化が起きたのかに注目する必要がある。研究の一つひとつは、社会を説明するための多種多様な取り組みであり、それらを学ぶことは、多様な視点を獲得するきっかけとなる。研究を通じて、社会や政治に目を向けることは、多くの課題と向き合うことでもあり、現実に対して絶望感を抱かせる場合もあるかもしれない。そのとき、学問は決して脆弱ではない支えになると私は信じている。

松島雪江（法哲学・ジェンダー法）

　大学の法学部に入学して法律を学ぼう！で学び始めるのは、多く実定法でしょう。実定法には当然ながらすでに条文があり、その条文に依拠しながら解釈・適用の正しさを模索します。当然既存の条文や学説に縛られながらの正しさ探求です。法学部に入学した私がこれだ！と思う学説は、大体いつも少数説で、窮屈さを感じていました。

　法哲学は実定法とは対照的に、法そのものの正しさを再検討する学問と言えるでしょう。もちろん学説など依拠すべきものはありますが（そうした学問上の主張が「法思想」を形成していきます）、法律の条文の外から自由かつ根源的に、法を捉えなおすダイナミックさに惹かれています。

　しかしそこでまじめに取り組むほど、得も言われぬ陥穽に嵌ってしまう理不尽も感じていました。そのもやもやを掬い上げて可視化させてくれたのが、ジェンダーの視点です。「普通は……」「そうはいっても仕方ない」「みんなと違うことをいうのはワガママ」そんな「当たり前」をおかしいと思えたのは、私が学問の世界でいわば少数派だったからかもしれません。

　何かに一生懸命取り組もうとしても、システムに足をすくわれ、頭打ちになる。それは自分の頑張りが足りないせいではなく、法システムに起因する構造的な問題のせいかもしれない。それは普段巧妙に隠されていて、気付かなければ自己責任として内在化されてしまう。それを可視化させていくことが私の仕事だと思っています。

　数の上で少なくはなくとも社会的に軽視されるマイノリティ。絶対数が少ないマイノリティ。多数派を結束させんがために攻撃対象とされるマイノリティ。法システム上そのマイノリティ性は社会の脆弱さの現れであるけれど、他者とつながるヒントもあるはず。そう思いながら、あちこちに目配せする、知らない世界を覗いてみる、それがピンと繋がった時のワクワクと言ったらありません。

松元雅和（政治哲学）

　私の専門分野は政治哲学です。「哲学」と銘打つと、ややとっつきにくい印象を与えるかもしれません。しかし、人間は思考する生き物なので、意識するしないにかかわらず、誰しもが何らかの思想や哲学を抱いています。現実政治に接した際に私たちが思考のなかに思い描く、概念や規範といった政治に関するものの考え方に対して、言葉としての姿かたちを与えていくのが、さしあたりここでの政治哲学ということになります。

　政治哲学のなかにもさまざまなテーマがあります。とりわけ私が関心をもって取り組んできたのが、戦争と平和をめぐる規範の問題です。昨今の国際情勢を見ても分かるように、私たちは残念ながら、ときに平和が武力によって脅かされる世界に生きています。だからといって、それは何でもありの世界ではありません。国際法などにも反映されている、武力行使に関する規範の問題を原理的に問うことが、これまでも、またこれからも私の主要な研究関心です。

　研究を始めて 20 年が経ちますが、その間にも新しい戦争の形態が次々と現れています。AI（人工知能）やドローンといった最新技術が兵器にも転用されていますし、IT 環境の普及と並んでサイバー戦争と言われる事態も起こっています。戦争や紛争という、もっとも綺麗ごとが働きにくい場面で、この世界がどうあるべきかという規範を考えることは、一面では難しい面が大きいですが、問題の重大性も相まって、個人的にもまた社会的にも、続ける価値があると思います。

　政治哲学の魅力は、研究としてはとても自由な分野だというところです。頭のなかにあるものの考え方を取り出して言葉にするというのが哲学であり、発想次第で認識の幅が大きく広がります。政治の話題は毎日耳にするほど身近なものであり、だからこそ政治哲学は、通説や現実をひっくり返すような深さと広がりをもっているんだということを、教育や研究を通じて伝えたいと思っています。

松山博樹（芸術 / 文学批評理論、英語圏文学）

　ゼミナールでは、学生と共に、文学、アート、映画、コミック、アニメ、音楽、ファッションなど、多種多様な文化の研究に取り組んでいます。そもそも、私の専門分野は、芸術／文学批評理論、および、英語圏文学です。たとえば、世界文学の頂点とされるイギリスの劇作家ウィリアム・シェイクスピアの作品を対象とし、マルクス主義批評、構造主義、ポスト構造主義、新歴史主義、カルチュラル・スタディーズ、ジェンダー理論、ポストコロニアリズムなどの批評理論に基づいて、研究に励んでいます。

　じつは、以上に列挙した、文学をはじめとする文化的営みの数々には、共通点があります。それは、社会を映し出す鏡だということです。シェイクスピアは、代表作『ハムレット』において、演劇を例にして、主人公に以下のように言わせています。「昔も今も、いわば自然に向かって鏡をかかげ、美徳にも不徳にもそれぞれのありのままの姿を示し、時代の実態をくっきりと映し出すこと」こそが、文化の目的であると。

　文化研究というと、作者の意図を把握し、主観的な感想に終始するというイメージがあるかもしれません。じつは、そのような「自然」な文化解釈のありかたは、ある目的を持った社会の政治的要請に応えて、「自然」であるかのように装っているにすぎません。それを鵜呑みにすることは、思考停止の状態で、主観的な域に留まったまま、社会に翻弄されてしまうことを意味します。一方で、学問とは、それまで当然視され、問題化されてこなかったことを、新たに俎上に載せ、客観的に究明する活動です。それは、私たちを渦中に巻き込もうとする社会に対して、あえて批判的距離をとることを可能にさせます。なかでも、思考の学問である批評理論は、日常では考えが及ぶことの難しい、多種多様かつ客観的な視点を、私たちが身につけ、自律／自立して生きていくための、理論と実践の統合の学であると言えるでしょう。

三澤真明（現代イギリス政治）

「政治」とは何なのだろう。なぜ政治学を研究しようと考えたのだろう。ただ単純に関心があるから大学院へ進学し、研究者への道を歩みだした。しかし年を重ねるごとに、冒頭の疑問と向き合う時間が増えた。

　ここで政治学における「政治」の定義を語るつもりはないが、読者の皆さんにとって、「政治」とはどのようなイメージだろうか。遠い外国のことを思い浮かべる人もいるだろうし、国内のことであっても縁遠い存在に感じる人もいるだろう。しかしながら、政治を細かく分解していった先に残るのは1人1人の人間なのだ。1人1人の人間の声が政治家や政党に集約されて、その国の政治が行われる。

　私が研究対象としている「イギリスと欧州統合」の関係性は、波乱に満ちてきた。なぜならば、イギリスは、ある時には、統合に参加したくない。またある時には、統合に参加したい。そして統合に参加したら、足を引っ張る。最終的には統合から離脱する。これがイギリスという国が行ってきた政治である。こうした一貫性のない政治が私の好奇心を刺激した。

　そこで、まずはイギリス政治において重要な存在である労働党という政党を研究してみよう。労働党の存在を理解するには、労働党がどういう組織か明らかにしよう。組織が分かったら、どういう人たちが労働党を動かしているのかを調べてみようと考えていった。イギリスという大きな存在を支える労働党を、その労働党を支える人々を、という形で研究を進めてきた。

　その結果、一見すると矛盾に満ちたイギリス政治の一部が見えてくるようになった。1人の人間が時に矛盾に満ちた行動をとり、周りの人間と協調したり対立したりすることがあるのと同様に、大きな組織が1人の人間のように行動することもあるのだ。

　こうした研究を通して、なぜ政治学者を志したのかという問いに答えるのならば、私は「人」に関心があるのだ。そしてこう思う。「政治」とは「人」なのだと。

南　健悟（商法）

　大学院以降、商法分野を研究し、当初は企業不祥事における取締役の責任について考察してきました。しかし、最近では、同じ商法分野として海商法という「海運」に関わる法的問題についても研究をしています。その中でも、海運における安全性の確保という観点から、旅客船や自動運航船に関する法的問題を中心に考察しています。たとえば、旅客船の安全性を確保するためにはどのような仕組を設けるべきか、もし、事故が発生した場合には誰がどのような責任を負うのか、そして、自動運航船研究では船員ではない AI が事故を起こしたときには誰が責任を負うべきなのかについて研究を進めています。

　私の研究テーマでは、商法という私法に止まらず船舶や旅客の安全性を確保するための行政規制や、さらに船舶工学といった理系の知識も要求されます。法学は文系の学問とも言われますが、私の研究分野では、AI によって操縦される自動運航船に関する法律問題を考えるうえでは、最先端の技術についても知らなければなりません。もちろん、船舶工学等を学修していない私にとっては知らないことばかりですが、船舶工学の研究者と対話しながら今でも学生のように勉強しています。加えて、海運に関する法律は条約をベースとするものも少なくなく、基となった条約の内容を知るためにも外国語の文献を読んだり、外国の研究者と交流したりすることも重要です。そのため、国際会議に積極的に出席しています。

　このように書くと、何でもできる人間が研究をしていると思うかもしれません。しかし、実際のところ、理系の研究もしたこともなければ、留学経験もなく、外国語には全く自信のない研究者でもあります。しかし、大学生活では、好奇心をもって、好きなことを見つけることによって、さまざまな世界を知ることができます。皆さんには、食わず嫌いにならず、いろんなことに挑戦してほしいなと思います。

本吉祐樹（国際法）

　ロシアによるウクライナ侵攻のニュースに衝撃を受けた学生も多かったろう。国際社会はこの侵攻が「国際法に反する」と強く非難したが、果たして、国際法とはいかなるもので、どのような役割を果たしているのであろうか。

　私はこれまで一貫して、安全保障に関わる国際法を研究している。もっとも、はじめから研究者を志していたわけではない。地元の公立高校を卒業後、大学入学のため上京した。大学での勉強は楽しく、それなりに充実した日々ではあったが、3年生になり、いざ自分の進路について考えねばならない時期になると、人生の先行きがはっきりとしなかった。着々と就活の準備を進める周りを見て焦りもあったが、「自分が本当にしたいことは何なのか」について思い悩んでいた。

　そのころ、国際社会は激動の中にあった。EUの財政危機や、中東の政治危機などのニュースが日々流れる中、実際に自分の目で世界を見てみたい、と考えイギリスへの交換留学に申し込んだ。後から見ればこれが人生の転機となった。留学生活は、全てが新鮮で、人生を変える経験であった。イギリスの学生に混ざり、不慣れな英語で積極的に意見を伝えようと努力し、また様々な研究会にも参加し、中東から難民として来た方々と話す機会も得た。

　これらの経験を通じて、国際社会には困難な状況に置かれている人々が数多くいる。そして、その人たちを救いうるのは「国際法」ではないのか、と感じるようになった。ようやく「自分のやりたいこと」が見つかった気がして、国際法研究者の道を志した。帰国後に「人道的介入論」の研究で修士号を得て、さらに研究を深めたいと考え、再びイギリスに渡り、「自衛権」の研究で博士号を取得した。

　現在でも、国際社会は危機の中にあり、国際法はいまだその力を十分に発揮し切れていない。学問に終わりはないと痛感するが、そのような中でも私は研究者の1人として、自分に何ができるのかを考え続けていきたい。

諸坂成利（比較文学）

　専門は比較文学。17歳よりホルヘ・ルイス・ボルヘスと中島敦の研究を開始。早稲田大学学部在学中の19歳で日本比較文学会に入会。比較文学研究のため多くの語学を学ぶが、現在研究における使用言語は、英語、フランス語、スペイン語、ギリシャ語、ラテン語、サンスクリットである。アメリカ文学における専門は、ウォルト・ホイットマン、ハーマン・メルヴィル、ウィリアム・フォークナーなど。イギリス文学ではエリザベス・ギャスケル、ブロンテ姉妹、ディケンズなど。フランス文学ではトリスタン・ツァラ、シャルル・ボードレール、ラテン・アメリカ文学ではボルヘス、フリオ・コルタサル、日本近代文学では中島敦、牧野信一などを中心に研究している。またそれらの文学研究には、ベルグソン、スピノザ、トマス・アクィナス、あるいはインドのウパニシャッド哲学、仏教などの研究成果が反映され、私の著書や論文の中に織り込まれている。私の研究は、通常の比較文学研究を含む文学研究方法への懐疑から出発している。比較文学とは、文学を比較すると思われがちであるが、比較には尺度が必要であり、その尺度は外在的で、その正しさの証明には別の尺度が必要であり、その尺度の証明にもまた……というぐあいに、無限に証明が外に延長していくことになり、理論上、外在的に《比較》はあり得ない。比較文学があるとすれば、一つのテクストに多を見出していく内在的研究にならざるを得ない。まさに華厳経でよく言われる「一即多」の文学版である。私の研究は、現在はホイットマンが中心であるが、上記作家群を内在的に研究すると同時に、理論構築と実践を行っている。学界においては、作家・作品の周辺を調査する部分的外在的研究ではなく、作品の本質を見極め、そこから他領域へと拡大していく全体的内在的研究を提唱。これにより日本比較文学会賞など3つの学会賞を受賞している。

安野修右（選挙制度論）

　政治に不満があるなら立候補しろよ。

　今はなき「3 地下（3 号館地下）」でのありふれた会話が、研究の第一歩となりました。売り言葉に買い言葉で、だったら将来選挙にでてやろうと要件を調べるうちに、選挙供託金制度をみつけたからです。選挙にでるには 300 万円必要、負けすぎると国がそのカネを没収すると判明したとき、私は「俺を阻むとは悪しき存在に違いない」と思いました。

　この制度は、私からみて他にも理屈にあわないことがありました。そう感じた背景には、当時の私が顔もよく知らない政治家の発言を真に受けて、色んなことを割り切っていたことがあるでしょう。具体的には「規制に守られ著しく非効率だった実家の商店が潰れてもしかたがない」、「合併を推進しても行政をスリム化できない地元から人が去ってもしかたがない」、あるいは「リーマンショックで高校の同窓の初任給が 10 万円きろうが競争の結果なのだからしかたがない」と信じていたのです。

　ですが選挙供託金制度を発見して、そうした認識は覆りました。私がそれまで悪しきものとみなしてきた行為は、そう信じ込ませた当人たちにとってはよい行為らしいというのだから当然です。どうにも「競争せよ。我々を除いて」が政治家の本音らしいのです。そのことに憤慨して「今度は俺が選挙法を勉強し、政治家の腹の底を見てやる」と思ったことが大学院進学のきっかけになりました。

　こうした経緯もありましたから最初は「国の制度に仕組まれた嘘はとても巧妙なはず」とワクワクしていました。ですが実際に研究してみると日本の選挙法には政治家のむきだしの悪意しかみいだせず、かえってガッカリさせられました。自分のことになるとショッピングセンターの出店に反対する田舎の商店主のように振る舞うくせに、そのことを取り繕いもしない。なので今はそうした人々の本性をもっとみさだめて、いつか目の前で「みっともないぞ」と言ってやりたくて研究をしています。

柳瀬　昇（憲法学）

　私は憲法学を専攻しており、特に、民主主義の原理論について研究している。

　民主主義にはさまざまなヴァリエーションがあるが、私は、エリート支配の民主主義ではなく、単純な市民参加論でもなく、十分な情報に基づく個人の内心における熟慮と他者との間の討議という過程によって形成される選好を重視すべきであるとする討議民主主義（deliberative democracy）理論を支持している。

　博士論文のテーマは裁判員制度であった。単純な多数者支配の民主主義の見地から裁判を基礎づけることはできないが、討議民主主義理論に基づけば、国民の司法参加の意義を正当化しうると、私は主張した。この論文によって慶應義塾大学から博士の学位を授与され、それを改訂したものを『裁判員制度の立法学――討議民主主義理論に基づく国民の司法参加の意義の再構成』という単著学術書として、2009 年に日本評論社から出版した。

　また、討議民主主義の考え方を具体化した討論型世論調査（deliberative poll）を、スタンフォード大学の研究者らとともに、これまで 10 年以上さまざまな形で実践してきた。その中には、文部科学省からの補助金に基づき実施したものや、内閣官房からの依頼で行い政府の政策決定に影響を与えたものもある。この共同研究については、2015 年にミネルヴァ書房から刊行した著書『熟慮と討議の民主主義理論――直接民主制は代議制を乗り越えられるか』に取りまとめた。

　2019 年 3 月末から 1 年間、カリフォルニア大学バークレー校ロースクールで客員研究員を務めて以降、日本の憲法学が諸外国からどのように評価されているのかと、それをわが国がどのように国際発信すべきかについて、科学研究費補助金の助成を受けて研究している。

　上記のほかに、公務員の弾劾制度の日米比較（修士論文で取り組んだテーマ）や、憲法と教育との関係（最初の赴任先で教職教育に携わった経験から）にも関心をもっている。

山田孝紀（民法）

　私の専門は、民法です。民法は、物の売買、部屋の賃貸、担保、交通事故、結婚・離婚・相続などに関する法です。民法の条文は、これらの問題の解決基準を示していますが、条文だけでは解決できない問題も多く存在します。

　たとえば、旧優生保護法について考えてみます。かつて存在した同法の下、国の施策として強制不妊手術が行われ、多くの障がい者の方などが子を産めない体にさせられました。この被害者が数年前から国に訴訟を提起しています。改正前民法724条によれば、不法行為の時から20年を経過すると、被害者の損害賠償請求権が消滅します。つまり、不法行為の時を手術時とすれば、被害者は国に賠償を認めることができません。しかし、それでよいのでしょうか？

　別の例をあげましょう。犬や猫などのペットが交通事故にあい、飼い主がその治療費を支出したとします。飼い主は治療費を加害者にどの程度請求できるでしょうか？　日本の裁判例では、民法学上、動物は「物」であるとして低額の治療費しか認めなかった事例があります。冷たいですねぇ……。一方、ドイツ法では、損害賠償法上、動物を「物」概念から切り離す解釈がなされ、高額の治療費も認められています。

　私は、旧優生保護法や動物の民法学上の地位のほかに、院生時代より比例原則について研究しています。ドイツでは行政法由来とされる比例原則を民法に用いる見解があり、日本の民法学も一部で同原則に着目しています。私は、「比例原則がなぜ民法で用いられるの？」という疑問から出発し、「比例原則により、なぜ、どのように債権者の権利行使や契約内容の形成が制限されるのか？」といった疑問を研究し、悩んでいます。

　民法学の面白さ・難しさは、こうした答えのない問題を考える点にあると感じています。ですので、授業では一定の答えがある問題だけでなく、答えがない問題についても皆さんと考えを深められたらと思います。

山本　直（国際政治学）

　国際政治といえば、中国の台頭やロシアのウクライナ侵攻を思い浮かべる方が多いだろう。そのイメージは間違っていない。国際政治とは国家間の政治のことであり、そこでは貿易と金融のあり方、領土の境界、兵器の開発、国内マイノリティの処遇、人権侵害の有無、気候変動への対策などをめぐってしばしば対立が見られる。対立が深まると戦争にもつながる。

　世界には200ほども国家がある。それも、強い影響力をもつ大国から知られていない小国まで、民主的な国から独裁国家まで、あるいは政教分離を重んじる国から政教が一体化している国まで、等々、かなりの幅がある。各国の指導者の信念や性格もさまざまだ。

　面白いのは、こうした国々がある中で常に争い合っているわけではなく、協調したり譲歩したりすることも多いことだ。どのような条件がそろうと世界は安定し、逆にどういう状況なら争いが起きやすくなるかを考えることが、国際政治学の中心課題だ。

　こう書くと、かなりハードな学問のように思われるかもしれない。でも、身構える必要はない。

　私事だが、大学生の時に初めてヨーロッパを旅行した。ある国から隣の国に陸路で移動した際には、出入国をチェックする施設がどちらの側にもなかった。パスポートはリュックにしまったままであり、気がつくと国境を超えていた。

　別の機会には、ネパールのとある村を通りがかった。その村は、仏教の開祖である釈迦がこの世に生をうけたと伝わる場所にあった。青年になった釈迦は、隣国のインドで修業し、悟りを開き、人々に説教し、入滅（死去）したとされるのだが、当時は今のような国家としてのネパールもインドもなかったはずだ。

　国境や国家は、私たち人間にとってどのような意味があるのか。それらは、どのように造られ、そして変わっていくのか。漠然と抱いた素朴で単純な疑問も、国際政治学は大歓迎とばかりに受け止めてくれている。その扉は、もちろんあなたにも開かれている。

吉澤　保（西洋近現代思想史）

　フランスを中心にした西洋の近現代思想史の研究を続けてきました。文学部仏文科出身のためかわかりませんが、テクストの精読を重視しています。フランス語の文献を読み解くのは思うほど簡単ではありません。思想的著作のみならず研究書・論文さえも理解するのに苦労することがありました。研究者も実存主義や構造主義など時の流行から無縁ではありません。特にポストモダンにはあえて難解にしているものもあるため完全な理解はそもそも不可能な場合もあります。定石どおり日本語にひとまず直訳するのも最初のハードルですが、それができても実はよく分かっていないことが多々あります。

　哲学史の断片的な理解が頭の中で統合されたのはかなり時間がたってからです。どんなに難解なテクストも恐れるに足りないという思いは強くなりました。しかし研究が格段と捗るようになったわけではありません。神のような存在なら直観的にすべてが分かるでしょうが、私達はほんのわずかな直観的総合に向けて細かく丹念に分析することしかできません。一言一句疎かにせずに時間をかけて文章を読むことが研究の基本だと思います。哲学的著作は、誰も存在の神秘を知らないという読後感を抱くとしても、挑戦するだけの価値があります。

　文化資源学という新しい学問領域にもたずさわっています。そこで行われているのは、文化政策の研究をのぞけば、美術史や社会学などアクセントこそ違えど文化史ないし社会史の研究と言うことができます。人間に関わるものは一見価値のないように見えるものも研究対象になります。過去であれ現在であれ現実に一番近い証言が私達の学問の実証性を基礎づけています。うまく設定されたテーマに従って収集・配列された過去の痕跡は生産的かつ説得的です。客観的証言及びその継承には間違いの可能性がありますが、そもそも客観的証言の「客観性」は確かなのでしょうか。このような原理的懐疑は可能であるにせよ、私達は学問的真理という理念を志向し続ける必要があります。

ルペルティエ・カミーユ（フランス語習得）

« L'apprentissage des langues est difficile », « la barrière de la langue me fait peur », tant de pensées qui répriment notre envie de découvrir le monde et sa culture. Pourtant, tout est possible si l'on se donne les clés pour le faire. Tout particulièrement aujourd'hui, notre planète entière est connectée malgré la distance physique entre ses différents pays. Il est très facile de découvrir la langue, la culture et l'actualité d'un pays de l'autre côté de la Terre, tout en restant chez soi, devant son écran d'ordinateur.

Être née dans un pays étranger et avoir beaucoup voyagé pendant mon enfance, m'ont aidé à développer une curiosité et une ouverture d'esprit pour les cultures et les langues étrangères. Ma passion pour le Japon qui a grandi tout au long de ma vie, m'a amenée petit à petit à l'apprentissage de la langue, de l'histoire, de la littérature et de la culture de ce beau pays. Cette passion avait germé lors d'un simple carnaval d'école, pendant lequel ma classe s'était habillée en kimono, le vêtement traditionnel japonais. Des années plus tard, j'ai eu la chance de partir au Japon et de participer à un concours d'habillage en kimono. Cela m'a ensuite poussée vers l'étude du marketing du kimono au Japon. Une simple admiration d'enfant pour la culture japonaise a réussi à m'apporter de nombreuses opportunités dans ma vie, auxquelles je ne m'attendais pas.

De plus, mon intérêt pour les langues s'est également retrouvé renforcé par mes études de japonais, de linguistique et de didactique du Français Langue Etrangère. L'enseignement de ma langue maternelle au Japon est apparu comme un chemin parfaitement naturel et mes recherches sur la langue et la culture me passionnent toujours autant. La soif d'enseigner, tout comme l'envie d'apprendre ne se tarissent pas. L'ouverture vers l'étranger n'a jamais été aussi accessible, alors profitons de ces opportunités pour élargir notre esprit et nos connaissances sur ce monde qui nous tend les bras.

ロックリー・トーマス（国際的志向性）

「ごめんなさい。英語は話せません」と、よく完璧な英語で話す人がいます。英語は達者ですが、実はなにを話せばよいかが解りません。

　日本では英語教育の為に家庭は毎年数億円以上費やしています。しかも、私の20年以上の経験で、現在の英語理解力は以前より大幅に改善しています。にもかかわらず、なぜ上記の発言が出てくるのでしょうか。

　2001年に関西大学の八島智子教授が提案した「国際的志向性」理論による、国際社会とのつながり感覚の不足が考えられます。外国語を話す困難は、社会の国際的な孤立感覚に起因しているのです。その点から考えると、英語教育を促進するためには、日本の国際関係と文化の国際ルーツや影響の歴史を中心とした、国際的な視点からの日本史を扱うことが必要だと考えます。国際つながりの意識が必要と思います。

　例として、卑弥呼から徳川家康までの支配者による国際外交の歴史です。細川ガラシャから川上貞奴まで日本文化を海外に広め、影響をもたらした人物についての説明です。18世紀の銀の採掘によるグローバル的な経済成長やヨーロッパを動かした日本磁器の輸出、そしてカリフォルニアワイン産業を開発した長澤鼎のような海外での産業先駆者たちも紹介のことです。このようなテーマに触れることで、言語教育に関する興味、関心を高め、自信につながっていくのです。それに、将来的な夢から生まれる動機も発生することがあります。

　現在、「内容言語統合型学習」（CLIL）は、世界（日本も含めて）でも盛んに取り入れられている言語教育方法になっています。ある教科と外国語の両方をあわせて教育する有効的な学習方法です。

　日本でのCLILのような統合型教育方法の導入により、国際的視点からみた日本史を中心にテーマを広げたら、これからの世代の「国際的志向性」と言語習得に対する動機が向上するのではないでしょうか。

初出　毎日新聞「発言」2022年6月16日 https://mainichi.jp/articles/20220616/ddm/004/070/002000c

渡邉容一郎（西洋政治史）

　本や論文を書きまくる中年。研究者としての自分をひと言で表現すると、このようになるであろうか。「本や論文を書きまくる」を、「学会で報告しまくる」「研究成果を授業や講演その他で活用しまくる」と言い換えてもよい。大学教員すなわち研究者は、自分の学術的見解を常に公表し、それを検討と批判に晒す責務がある。そしてその結果を社会に還元する。そうしない人は、たとえ「教授」や「博士」の肩書を持っていても、研究者と呼ぶに値しないと思うからである。

　では私の場合、何について書きまくり、報告しまくり、何の研究成果を授業その他で活用しまくっているのか。それは、イギリス保守党の歴史と、それを中心とした近現代イギリス政党政治史である。イギリス保守党史の観点から近現代のイギリス政治を読み解く。それを通じて政治の要諦を明らかにしたり、政治とは何かを考えたり、政権交代や責任野党のあり方を追究したり、日本政治の現状や問題点を見つめ直したりする。目下のところ、これが私の生きる道であり、私の研究と言ってよい。

　ではなぜ、「保守党とその歴史」という観点からイギリス政治を研究するのか。実は、研究生活を始めて30年以上たった今でも、まだよくわかっていない。ただはっきり言えるのは、面白くて楽しいから、そこに何かがありそうだから、そしてたぶん、そうすることが何より大切なのではないかと「感じた」からだ。好奇心に支えられた確かな知識と想像力、そしてちょっとした勇気だけが自分の武器である。

　こうして私は、研究者としての道を歩み続けている。大学教員には「定年」がある。しかし研究者には、「定年」はもとより「卒業」も「修了」もない。

　だから今日も祈る。

　学問を愛する我が心と気力と体力が、死ぬまで衰えることのないようにと。

執筆者一覧

序　章　岩崎正洋
第1章　斎藤史範
第2章　荒井祐介
第3章　小田勇樹
第4章　杉本竜也
第5章　松元雅和
第6章　羽田　翔
第7章　窪田悠一
第8章　立福家徳
第9章　野村和彦
第10章　大岡　聡
第11章　真道　杉
第12章　石川徳幸
第13章　浅井直哉／浅野一弘／荒井祐介／生垣琴絵／池田　実／石川徳幸／石橋正孝／
　　　　出雲　孝／岩崎正洋／大岡　聡／小田　司／小野美典／加藤雅之／川又　祐／窪田悠一／
　　　　栗原千里／黒滝真理子／斎藤史範／坂本力也／佐藤健児／佐藤　英／ジェルソ・ジョー／
　　　　真道　杉／杉本竜也／鈴木隆志／竹本　亨／立福家徳／中元雅昭／野村和彦／羽田　翔／
　　　　東　裕／福島康仁／福森憲一郎／松島雪江／松元雅和／松山博樹／三澤真明／南　健悟／
　　　　本吉祐樹／諸坂成利／安野修右／柳瀬　昇／山田孝紀／山本　直／吉澤　保／
　　　　ルペルティエ・カミーユ／ロックリー・トーマス／渡邉容一郎

※執筆者は全て本書刊行時に日本大学法学部の専任教員である。

テキストブック　自主創造の基礎

2023 年 3 月 20 日　　第 1 版第 1 刷発行
2024 年 3 月 20 日　　第 1 版第 2 刷発行

編　者　日本大学法学部

発行者　井　村　寿　人

発行所　株式会社　勁_{けい}　草_{そう}　書　房

112-0005 東京都文京区水道2-1-1　振替　00150-2-175253
（編集）電話 03-3815-5277／FAX 03-3814-6968
（営業）電話 03-3814-6861／FAX 03-3814-6854
本文組版 プログレス・平文社・中永製本

ISBN978-4-326-00058-6　　Printed in Japan

＊落丁本・乱丁本はお取替いたします。
ご感想・お問い合わせは小社ホームページから
お願いいたします。

https://www.keisoshobo.co.jp

吉田　敬

社会科学の哲学入門

社会科学はいかなる「科学」か？　科学哲学の観点からその営みの根本へとガイドする。哲学と社会科学を学ぶ全ての人のための入門書。　2420円

川崎　剛

社会科学系のための「優秀論文」作成術
——プロの学術論文から卒論まで

「論文ってどう書けばいいんだ？」と一度でも悩んだことのある、社会科学の学徒たちへ。他人に差をつけるノウハウ、教えます。　2090円

スティーヴン・ヴァン・エヴェラ／野口和彦・渡辺紫乃 訳

政治学のリサーチ・メソッド

すぐれた論文を書くノウハウとは？　全米の大学で使われている定番テキストをついに完訳。社会科学方法論のエッセンスを伝授します。　2420円

ダニエル・リフ、スティーヴン・レイシー、フレデリク・フィコ／日野愛郎 監訳

内容分析の進め方——メディア・メッセージを読み解く

内容分析ってどうやるの？　サンプルを取る時の注意点は？　定番の教科書をついに完訳！　機械学習の教師データ作成にも役立ちます。　3960円

原木万紀子

大学生のためのビジュアルリテラシー入門

情報の伝達のためにはどのような視覚情報を提示すればよいか。また受け取る側はそこから何を読み取るべきか。現代社会に必須の能力。　2750円

林　紘一郎・名和小太郎

引用する極意　引用される極意

著作権の作法をまもり、かつ頻繁に引用される論文を書くには。文系にも理系にも、学生にも教師にも。事例をもとにわかりやすく説明。　2970円

―――――――――――――――――――――――――――――― 勁草書房

＊表示価格は2024年3月現在。消費税（10%）を含みます。